CHOQUE
DE CULTURAS

Un libro, un manual para el facilitador y un Manual
para el estudiante en cuanto al tema de las cultura
PARA UN CONTÍNUO DESARROLLO
PROFESIONAL

Adrian L. Hawkes

CHOQUE DE CULTURAS
un libro, un manual para el facilitador y un manual para el estudiante en cuanto al tema de las cultura para un contínuo desarrollo profesional.

Copyright © 2008 Adrian Hawkes

Los libros iUniverse pueden ser adquiridos en las librerías o haciendo contacto a la siguiente dirección:

iUniverse
2021 Pine Lake Road, Suite 100
Lincoln, NE 68512
www.iuniverse.com
1-800-Authors (1-800-288-4677)

Debido a la naturaleza dinámica de la Internet, cualquier dirección web o links que este libro contenga pueden haber sido cambiadas desde la publicación de este libro o podrían ya no ser válidas.

Las opiniones que se expresan en este trabajo son exclusivamente aquellas que vienen del punto de vista del autor y no necesariamente refleja los puntos de vista del publicista. Por lo tanto, el publicista negará cualquier responsabilidad que tenga por ello.

ISBN: 978-0-595-50707-8 (Libro Impreso)
ISBN: 978-0-595-61619-0 (Libro electrónico)

Impreso en

ÍNDICE

AGRADECIMIENTOS   i

PRÓLOGO   ii

PREFACIO   iii

1   ¿QUÉ ES CULTURA?   1

2   ¿POR QUÉ ES IMPORTANTE EL SABER SOBRE CULTURA?   9

3   COMO LAS CULTURAS SE FORMAN (¿Y QUIÉNES SOMOS NOSOTROS?)   17

4   DEFINIENDO UNA CULTURA   22

5   EL CAMBIO CULTURAL EN NUESTRO MUNDO   25

6   CULTURA Y EL FACTOR CAMBIO   30

7   LA CULTURA Y EL ROL DE LA MUJER   35

8   COMO LA URBANIZACIÓN CAMBIA UNA CULTURA   40

9   LA IMPORTANCIA DE UNA META-NARRATIVA   44

10   NUESTRAS PRESUPOSICIONES   49

11   EL CHOQUE DE CULTURAS   53

12   GRUPOS CULTURALES   57

AGRADECIMIENTO

A Jan Doidge por todo su trabajo de corrección.
A Anita Brooks por todo su trabajo de corrección.
A Pauline mi esposa por apoyarme y tenerme paciencia y acompañarme en mis pensamiento de temas como la cultura.

PRÓLOGO

POR
ROSEMARY PAVEY
EXPERTA EN EL TEMA

La cultura es tan diversa en todo el mundo. ¿Quién podría en realidad saber como abordar el tema y hacer justicia en el mismo?

Adrian Hawkes es la única persona que conozco que aborda los intrincados asuntos culturales con una diplomacia impresionante. Su experiencia viene de intensos viajes por todo el mundo donde el se tomó el tiempo de acercarse más a la gente que el conoció, estudió sus modos de vida, sus personalidades y valores espirituales. De esa manera fue tocando vidas en cada continente por muchos años y su conocimiento y experiencia gracias a esas experiencias ha crecido inmensamente. El también ha ayudado a muchísimos jóvenes de todas las áreas de la vida en varios países que vinieron al Norte de Londres por ayuda y recibiendo a cambio vivienda y los servicios públicos necesarios.

Adrian ha entregado su tiempo en estudiar profundamente los asuntos culturales del día a día. Su compilación de pensamientos, a medida que el los expone para que el lector los digiera, ayuda a los mismos a entender en cierto punto como usar su conocimiento para ayudar, apoyar y aconsejar a muchas personas. Con este conocimiento muy bien explicado nosotros podemos estar preparados, en cierta forma, para entrar en otro mundo y acercarnos más el uno al otro en este mundo de variedades en el cual todos vivivmos.

Recomiendo estos escritos ya que creo que Adrian ha tocado los corazones y las vidas de tantas personas alrededor del mundo.

PREFACIO

Estoy contento de que te hayas tomado el tiempo de leer el prefacio porque me da una oportunidad para decirte el porqué he hecho este libro y si ya lo sabes entonces tu entendimiento al leer este libro se expadnerá al leer este prólogo. ¡Espero que sea así!

Hay unas pocas razones por la cual escribí este libro. Cuando lo escribo es porque quiero ayudar, influenciar o cambiar algo. Este libro encaja a la perfección en todas estas áreas.

En este libro hay una sesión de entrenamiento que yo escribí como un recurso de ayuda a la Agencia de Adopción Infantil y para el uso de las Autoridades Locales en cuanto al campo de adopción se refiere.

Yo vivo y trabajo en una de las partes más multi-raciales y multi-culturales de Londres y me parece que muchos de nosotros necesitamos estar más conscientes de las culturas de otras naciones particularmente si estamos abordando niños o adolescentes de otra cultura. Necesitamos estar conscientes de las diferencias primero para que los malentendidos disminuyan.

La segunda razón por la que escribí este ibro es porque la organización Barnabas Training Interational Ltd me pidió que hiciera unas sesiones de clase para su curso y Diplomado así que aquí adunté un curso para entrenar consejeros. Me parece a mí que los consejeros pueden hacer su trabajo mal si no han pensado en el elemento cultural que tienen sus clientes y esa fue la razón realmente por la qye decidí, como ya expliqué, escribir el libro.

La tercera razón es que hay una constante demanda en nosotros hoy en día en seguir aprendiendo de forma contínua así que el curso y el libro fueron preparados con un entrenamiento de "Desarrollo Personal Contínuo" en mente, particularmente para aquellos que ya han hecho entrenamiento en consejería, quizás a un nivel de licenciatura o tal vez las personas que leen este libro ya son agentes adoptivos ya aprobados por su país y que nunca han considerado la consejería como parte de sus vidas.

El punto es que muy a menudo no consideramos lo que es cultura si vivimos y nos mudamos en áreas en donde la diferencia de raza, color e idioma es nula tanto con nuestros amigos como con nuestros vecinos.

La cuarta razón por la que escribí este libro se relaciona con la tercera razón en que he descubierto que las personas muy a menudo no piensan sobre cultura en lo absoluto. Muy a menudo es por nuestra cultura que nos hace ser así aunque no exclusivamente sea ésa la razón principal. Vivimos en cajas: cajas de pensamiento, tradición, práctica y expectativas. Eso aplica ya sea que estemos trabajando en servicios sociales, adopción, consejería, servicios de salud e incluso en la comunidad de negocios. Nosotros vivimos en nuestra "caja" hasta que alguien o algo reta nuestros pensamientos y nuestras actitudes prácticas en la vida. Es allí dónde a menudo "preparamos" nuestro contraatque para defender las fronteras de nuetra "caja".

Asi que...¿Qué quiero cambiar? Ésa fue, después de todo, una de las razones por la que escribí el libro y para cambiar, ¡Y espero que así sea!, tu pensamiento. Espero que al leer este libro y estudiar el curso las cosas que piensas puedan ser llevadas a la realidad ayudándote a examinar tu caja y ser animado a derribar las paredes de la misma porque afuera de tu pequeño mundo encajonado existe otro mundo y quién sabe si llegas a entenderlo, apreciarlo y disfrutarlo y quizás ser un agente de cambio que lo haga para bien.

Adrian L. Hawkes
Norte de Londres
1ero de Diciembre del 2006

NB. Este libro está dividido en tres sesiones. Una sesión está comprendida en notas de entrenamiento. Si estás usando este libro como tutor o entrenador de otras personas tú deberías contactar a la organización Barnabas Training International Ltd que queda en Chichester, en el Oeste de Sussex, Inglaterra los cuales tienen los derechos de autor para el uso de esta sesión de entrenamiento que está presente en este libro. Puedes también obtener las presentaciones PowerPoint ya sea de la organización o del mismo autor para tu uso.

En este libro hay una sesión de lectura en la cual el lector o estudiante ampliará su entendimiento del tema y finalmente un manual del estudiante en el cual, si eres entrenador, eres bienvenido en fotocopiar el material y pasaro a tus estudiantes a medida que trabajes durante todo el curso. Esto lo harás, claro está, cuando hayas obtenido el permiso correspondiente de la organización ¡O tal vez debas persuadirlos para que compren el libro!

El curso ha sido dictado en varios sectores y ciudades de Inglaterra a través de la organización London Training International (LTC) la cual es una compañía de entrenamiento de la cual yo formo parte. El curso, por supuesto, está siendo usado y patrocinado por la organización Barnabas Training International Ltd y éste programa es también un Curso de Desarrollo Profesional Contínuo aprobado por la Asociación de Consejeros Cristianos (ACC).

Consorcio de Entrenamiento de Barnabas Training (BTC)
Consorcio de Entrenamiento London Training
(LTC/Universidad Abierta)

EL LIBRO

CAPÍTULO 1
¿QUÉ ES CULTURA?

La realidad es que si nosotros visitamos a nuestro vecino que vive al lado nuestro nos daremos cuenta de que existen cambios culturales entre nosotros a pesar de las muchas similitudes que tengamos. Habrán diferencias entre nosotros por las cosas que hacemos, la manera en que pensamos, la forma en que vemos la vida, nuestras expectativas, cosas que nos gustan, cosas que no nos gustan y muchas otras diferencias que hemos y habremos adquirido en las distintas áreas de nuestra vida que nos han hecho ser lo que somos hoy. Sin embargo, esas pequeñas diferencias que muchas veces no notamos son las que nos hacen diferentes a pesar de que en la superficie seamos iguales.

Algunas de las cosas más notorias que reflejan cambios culturales en nosotros son cosas como el vestido y la comida. Luego vendrán cosas como la música y el arte que nos ayudan a definir la cultura de un individuo y luego, por supuesto, vienen las cosas màs importantes: ¿Cuál es el sistema de valores de la cultura que estamos buscando? Algunas veces, estas cosas son muy difíciles de ver.

Por ejemplo, yo originalmente vengo de la ciudad inglesa de Birmingham. Para aquellas personas que conocen muy bien Gran Bretaña sabrán que en esa área particular de Inglaterra las personas hablan con un acento bastante característico de los Midlands o las

1

tierras medias del país el cual se caracteriza por acentuar las vocales de forma pronunciada.

Cuando nos mudamos de nuestra área nuestros acentos sufren cambios a medida que pasa el tiempo a excepción de mi amigo periodista Dan Wooding quién ha vivido en la ciudad de California por 30 años y aún así mantiene su fuerte acento característico de Birmingham como si él se hubiese mudado al otro lado del mundo hace tan sólo unas semanas. ¡Pienso sinceramente que él cultiva y mantiene su acento para el beneficio de sus contactos de negocios!

Sin embargo, yo he vivido en unos cuantos lugares así que definitivamente mi acento ha cambiado. Sin embargo, si escuchas cuidadosamente aún puedes oir esas acentuaciones en la a y en la o pero ya no de forma tan marcadas como solía pronunciarlas antes. Cuando yo visitaba a mi madre, quién aún vive en Birmingham, le preguntaba si ella siempre había tenido el acento de la ciudad. ¡Ella me respondió sorprendida que ella no tenía ningún tipo de acento! Le pregunté a ella el porqué de aquella respuesta y ella respondió.

-Bueno. Simplemente le pregunté a los vecinos del lado si yo tenía algún tipo de acento y ellos me respondieron: -¡No! ¡Por supuesto que usted no tiene ningún tipo de acento!-

Asi que vamos a esta pregunta: ¿Qué es cultura? Bueno, Generalmente la definición sería algo como esto: lo que un grupo de personas considerarían como normal, lo que sea que signifique la palabra normal para ellos. Involucra todo tipo de cosas: el vestido, la religión, la comida, las expectativas matrimoniales, trabajo, el diálogo con los niños, a manera en que se manejan los negocios, la música, el arte en la publicidad, teatro, las expectativas de la vida en el ahora y el después. De hecho…¡Involucra todo!

¿Y de dónde viene ésta cosa a la que yo y nosotros a menudo llamamos cultura?

Alguien me dijo recientemente: -Bueno, seguramente la cultura viene de nuestra familia- Yo pienso que tiene razón en una parte. La misma familia es moldeada, presionada, movida y procesada por todo tipo de presionas externas. Éstas presionas externas son las que yo llama las cuatro patas de una mesa. Es decir, las que mantienen la mesa en pie. Pero en términos de lo que estamos hablando ellas hacen más que tan solo sostener sino que en realidad crean la forma de una mesa. Ellas son las que cambian y hacen la cultura.

Antes de proseguir, mientras me preparo a enumerar y a explicar estas cuatro patas, necistamos estar conscientes de que las patas de las mesas (si me permites llamarlas así) se intercambian, se influencian y se impactan las unas a las otras y por supuesto éstas impactan a la familia y a toda la gran comunidad o cultura.

Éstas cuatro "patas" son las siguientes:

Negocios o "La Economía"

Este es un moldeador muy poderoso y muy a menudo un aspecto que posrríamos no considerar seriamente Necesitamos saber que nuestra economía tiene un impacto bastante fuerte en cuanto a la forma en cómo nos sentimos, cómo actuamos y cómo respodemos ante otras personas; moldea nuestras metas y visiones e inlcuso las crea si es que no tenemos ninguna de ellas. Si tú no tienes comida en tu estómago y no tienes un techo en donde quedarte esto inpresionantememtc va a concentrar toda tu atención en qué harás después y cómo solventar el problema. La situación va a afectar la forma en cómo reaccionas y actúas. Esto, por supuesto, te moldeará y formará si es que vives en una comunidad en dónde los recursos son escasos. Esa simple situación afectará todo tu entorno y por supuesto te afectará a ti como individuo.

Estoy fascinado cada vez que leo el relato Búblico en donde Moisés rescata al pueblo Israelita de Egipto de la esclavitud para promeyerles libertad. ¿Qué rayos significaba para ellos la palabra libertad? ¿Qué sabían ellos sobre la palabra esclavo? La esclavitud para ellos era la norma. Era la cultura en que ellos estaban inmersos. ¡Ellos eran esclavos! La familia que vivía al lado de ellos eran esclavos, la siguiente familia también la de la derecha tenía la misma condición y si caminaban toda una cuadra ¡Se darían cuenta de que todos eran esclavos!

3

Esta era su cultura ¡Era su estado normal de las cosas! ¿Qué era entonces esa libertad que el lunático Moisés les estaba hablando? De hecho, nosotros podemos vislumbrar lo difícil y complicado que era para ellos comprender esto cuando empezaban a quejarse con Moisés en el desierto acusándolo de haberlos traído precisamente allí para hacerlos morir de hambre. Parecía que ellos estaban pidiendo exactamente lo que ellos habían querido siempre y por la tanto estaban muy claros con ello: y era regresar a Egipto. ¡Para ellos era mejor quedarse en Egipto! ¿OK? ¿A qué se referían ellos por OK?

Bueno, según ellos decían: "habían cebollas, pepinos, puerros y el ocasional pescado" Ellos no querían libertad. No era parte de su cultura. ¡Las cebollas y los puerros sí lo eran! Este episodio lo encuentran en la Biblia específicamente en el libro de Números capítulo 11 versículo 5. Allí puedes leer toda la historia.

¿Eso quiere decir entonces que la economía y los negocios moldean una cultura?

¡Absolutamente que si!

Los Medios de Comunicación y el Arte

Otra pata de la mesa que es determinante es la que yo llamaría "Medios de Comunicación y Arte". Dentro de ese título se incluiría todo lo que son los programas de televisión, anuncios publicitarios, propagandas, folletos, posters, publicidad por Internet, el cine, teatro, vallas publicitarias, libros y periódicos. De hecho, todas esas cosas existen para simplemente persuadirnos. ¿Y lo hacen? ¡Por supuesto que lo hacen! Es por eso que los publicistas pagan tantas sumas de dinero para decirnos lo que ellos piensan que para nosotros está bien y lo que ellos sienten acerca del cómo debemos actuar. Ellos comprenden esto a la perfección para moldear una cultura y esto puede ser muy ventajoso para aquellos que saben cómo hacerlo. Una vez vi un programa de televisión donde algunos publicistas estaban tratando de evaluar según su criterio el impacto y el efecto que la publicidad producía sobre todos nosotros. Ellos consultaron con una aydiencia y les preguntaron si tanta publicidad que veían a diario les afectaba. Muchos de ellos dijeron que no estaban influenciados ni afectados por ella. Entonces el presentador les preguntó que marca de gasolina le introducían a sus autos para llenar su tanque. El presentador les mostró cuatro marcas y la audiencia respondió inmediatamente. Noté inmediatamente que una de las marcas tenía más votantes que las otras tres. Entonces me dí cuenta de que la audiencia escogió la marca por la cual muchos llenaban su tanque simplemente por la impresionante cabida que ésta marca tenía en los medios de comunicación. La segunda marca también tuvo sus votantes debido a lo mismo y así sucesivamente las otras dos. ¡Pero supuestamente éste era un grupo de personas que no se dejaban afectar por la publicidad!

¿Así que los medios de comunicación y el arte afectan una cultura?

¡Obviamente que sí!

Política, Gobierno y Religión

A ésta pata, la cual es la número tres, la llamo "Política, Gobierno y Religión" Ahora, ¿Por qué puse a estas tres juntas? Bueno, tratemos de dividirlas a las tres: Gobierno. Yo lo veo como el gran panorama: Gobiernos Nacionales, Eurpeos, Internacionales, Asíaticos; todos ellos tienen efectos moldeadores sobre nosotros. Algunas veces esos efectos tardan un largo tiempo en filtrarse. Yo vivo en Londres y algunas personas en las provincias dicen "Bueno, eso es cosa de Londres. Aquí donde vivimos no nos afecta en nada. Nada que pase en Londres nos afecta a nosotros" Sin embargo, lo que encuentras es que en el Reino Unido los gobiernos piensan de cierta manera, decisiones son tomadas, las leyes son decretadas y la primera ciudad la cual se ve afectada por las medidas impuestas es Londres pero tan solo esperemos un tiempo prudencial y esas medidas se filtrarán alrededor de todo el país y gradualmente cambiarán la cultura entera. La realidad es que ese cambio es un proceso, así que cuando la ley es aprobada no afecta directamente sobre la opinión de las personas…pero espera un poco mas…dadles un tiempo. Si los Estados Unidos son la cultura dominante hoy en día podríamos investigar los cambiso que se producen allá y nos daríamos cuenta de que inevitablemente afectarán al Reino Unido. Recuerdo cuando me sonreí a mi mismo cuando una red de televisón multicanal vino a los

Estados Unidos y muchas personas del limitado Reino Unido en aquel entonces se reían diciendo: -Eso se quedó en su país. Al Reino Unido no vendrá tal cosa-

¡Que ingenuos somos!

Entonces, por supuesto, el gobierno tiene el poder de causar un efecto sobre la economía, la justicia, y los factores sociales y aunque nosotros digamos que la política es aburrida ésta aún está cambiando y afectando nuestras vidas y nosotros nos desconectamos de ella a nuestr propio riesgo.

La Política. ¿Qué es eso? Aquí tengo una definición del diccionario (hay muchas otras definiciones sobre esta palabra): *La complejidad total de las relaciones entre las personas que viven en una sociedad.* Usando ésa definición entonces la Política podría ser el grupo local que se reúne en el centro de una comunidad, o el staff de una iglesia o el grupo social que se reúne en ciertos momentos y toman decisiones en nombre de una comunidad. Todos nosotros somos Políticos de una manera u otra y eso afecta y cambia las cosas.

¿Porqué la Religión? Bueno..me parece a mi que desde tiempos inmemoriales el gobierno a menudo ha usado la religión para influenciar, cambiar y controlar grupos de personas tanto nacionalmente como internacionalmente. Muy a menudo, los líderes gubernamentales adulan la religión para que el control sea férreo en una población. Comencemos con el Emperador Constantino (El primer Emperador Cristiano 27 de Febrero del 272 al 22 de Mayo del 337) No debemos confundir la religión que usa el Estado como la "realidad" porque eso sería un error catastrófico y repugnante. ¿Pero acaso la religión influencia las cosas? La intervención del estado con la religión es el porqué nosotros en el Reino Unido convivimos con la Iglesia de Inglaterra (28 de Junio de 1941 – 28 de Enero de 1547) Muchas legislaciones fueron promulgadas y aprobadas durante el reinado de Henry VIII. Ellas incluían las muchas leyeslas cuales cortaban la Iglesia Inglesade la Iglesia Católica Romana y elevaban a Henry VIII como la cabeza suprema de la Iglesia de Inglaterra. Las leyes en Gales 1535-1542 las cuáles trajeron la ley en Gales en consonancia con las leyes Inglesas y la Ley Sodomita de 1533, la primera ley Anti-Sodomita decretada en Inglaterra. ¡Afectan estas cosas la cultura y la manera en que vivimos? ¡Por supuesto que lo hacen!

Educación

Aquí está la cuarta pata de la mesa y a ésta pata la llamé Educación. Una muy poderosa ¡Y aquellos que tienen hijos pequenos deben saberlo muy bien! Aquellos niños de cinco años que vienen a la casa y les dicen: "así es cómo debes hacer la tarea" y ellos responden "no es así, mi profesor dice que es así" ¡Y el profesor gana! Por supuesto, Educación es mucho más que ir a la escuela. La educación es vida, familia, la comunidad local, la cultura….todo tendrá un efecto. Hay un proverbio Africano que dice lo siguiente: *Toma toda una aldea el criar a un niño.* Y en realidad es así.

Muy a munudo me atacan por todos lados porque he establecido, y aún sigo ayudando a establecer y dirigir, Escuelas Cristianas. Las personas dicen que yo estoy influenciando a éstos jóvenes a que piensen de cierta manera. ¡Algunas personas son tan rudas que llegan muy lejos con sus comentarios diciendo que yo les estoy lavando el cerebro! Sin embargo, yo soy igual de rudo con mi respuesta: -¡Sí! ¡Por supuesto que lo estoy haciendo! ¿Acaso ustedes no están aciendo lo mismo?- La realidad es que no existe tal cosa como una educación concisa y objetiva. Toda esa educación esta sesgada, influenciada culturalmente y ha pasado a través de un sistema cultural de valores los cuales son buenos y malos a la vez. Aún la educación actual sigue su curso de esta forma. Para todos aquellos profesores que piensan que les estoy permitiendo a los niños que están bajo mi cuidado que tomen sus propias decisiones sin mi cuidado e influencia aquí va mi resopuesta: eso es una tontería sin sentido.

Un muchacho que era Cristiano pero con una opinión algo cínica en cuanto a las Escuelas Cristianas me dijo: -¡Es absolutamente ridículo que tu puedas enseñar Inglés o Matemáticas de una froma Cristiana! ¡Eso es una tontería! ¡Es tan sólo Inglés y Matemáticas!- Oh, ¿De verdad? Una joven dama que estaba bajo mi cuidado dejo la escuela Cristiana a los 16 años y fue a una universidad local. Un día ella me mostró su tarea. Era simplemente un ejercicio de Inglés en el cual se debían colocar las comas, los puntos y apartes, los puntos y comas, las letras mayúsculas y minúsculas que faltaban en el ejercicio.

La oración decía así: *al llegar a la casa encontré a mi novio en la cama con mi amigo.* Se les pedía que corrigieran la gramática. Supuestamente no se trataba de influencia, ni de algo inmoral, ni de un sistema de valores a la vista. ¿En serio? ¡No lo creo!

Así que ahí tenemos a la mesa que forma la cultura. Cada pata que la representa la moldea, la hace y la sostiene. Y si tú tienes un punto de vista y quieres cambiar la cultura o influenciarla lo puedes hacer solamente estudiando y involucrándote en éstas áreas. Tu puedes optar por no hacer nada y aún si piensas que lo estás haciendo la cultura te está influenciando más de lo que tú piensas como lo veremos mucho más adelante.

La cultura es, por supuesto, el cambio del tiempo por el efecto de cada una de esas patas de la mesa. ¿Cuáles son los moldeadores más poderosos en la actualidad? Podría decir que son las películas, la televisión, las novelas y muchísimas de ellas vienen de los Estadso Unidos. Todos nosotros las vemos, las escuchamos y somos influenciados por ellas demostrando de esa manera que los Estados Unidos son la cultura dominante del momento. Naturalmente las regiones del país son influenciadas pero el gran cuadro, que son los Estados Unidos, a través de lso medios de comunicación, está influenciando la cultura alrededor de todo el mundo. Eso también puede llevar a que surja una gran oposición, a veces expresada de forma correcta como se puede ver a través de varios movimientos radicales por todo el mundo.

CAPÍTULO 2
¿POR QUÉ ES TÁN IMPORTANTE SABER SOBRE CULTURA?

En este siglo más y más personas viven en conurbaciones urbanas y muchas ciudades se están volviendo multiculturales en el gran sentido de la palabra. Cuando viajo por el metro por toda la ciudad de Londres me quedo sorprendido por la increíble variedad de idiomas que oigo en un solo viaje. En una parte de Londres, cerca de donde vivo, encuentro que existen más de 44 diferentes idiomas que se hablan en el área sin que exista un grupo dominante. La manera en la cual estamos viviendo el uno con el otro nos impulsa a entendernos mucho más que antes. No podemos evitarlo. Muchas veces nos topamos el uno con el otro y nos vemos en la necesidad de interactuar aún si nos escudamos en nuestros propios guettos culturales.

Muy a menudo, los malos entendidos pueden ser evitados si nuestro entendimiento fuese más amplio:

Una amiga mía oriunda de Suecia, quién vivió en el Reino Unido por un largo tiempo, vino a la oficina un día y me dijo lo siguiente:

-Acabo de cometer un grave error y me dí cuenta ya demasiado tarde de lo que

hice pero ninguna explicación ya puede solventar el problema-

-¿Qué pasó?- le pregunté

-Bien- continuó ella —Yo estaba en la oficina de correos y accidentalmente me topé con una señora. Inmediatamente dije "lo siento" pero yo acababa de regresar de Suecia y se me había olvidado que la inflexión en Inglés debe ir al final de la palabra y en vez de hacer eso alcé mi entonación en el medio de la palabra. La mujer asumió inmediatamente que mis disculpas estaban llenas de incomodidad y la la hacían pensar que era su culpa el haberse atravesado en mi camino lo cual yo no estaba sugiriendo en lo absoluto y ella se molestó muchísimo…Supe que lo había hecho mal pero era muy difícil explicar el asunto en una situación como esa-

Tan sólo piensa por un momento: si hubiese existido un entendimiento mutuo el panorama hubiese sido muy distinto y eso que estamos hablando de un pequeño incidente. ¡Imagínate entonces cómo serían los conflictos grandes!

Cuando nosotros vivimos en una cultura que prácticamente es monocultural (con esto me refiero a una cultura donde no se dan grandes cambios) entonces muy raras veces pensamos en cultura. Ciertamente no sabremos porque hacemos las cosas que hacemos y no podríamos culpar a la cultura por ello. Asumimos que nuestros pensamientos, acciones y prejuicios son completamente normales y por lo tanto no pensamos en esas cosas en lo absoluto. Asi que este libro y curso está hecho para que las personas PIENSEN sobre su propia cultura. Si hacemos esto de forma usual entonces creará un cambio en nosotros. El cambio viene primeramente en nuestro pensamiento y luego…¡El cielo es el límite! Algunas cosas de nuestra cultura o de todas nuestras culturas serán buenas, algunas serán amorales y algunas cosas definitivamente estarán absolutamente erradas. A menos que pensemos en los porques nada cambiará y algunas de éstas cosas en la cultura deben cambiar, especialmente aquellas cosas que nosotros percibimos como malas y perjudiciales para la sociedad.

Mucha de la sección del curso de este libro está hecha para personas que están involucradas en aconsejar a otros o a aquellos que se convertirán en padres adoptivos para otros.

Habiendo dictado este curso en vareas áreas del Reino Unido he notado como las personas de repente descubren cosas de las cuales ellos ya habían hecho suposiciones, y llegado a funestas conclusiones en cuanto a personas que ellos habían conocido tanto en forma personal como profesional.

Una mujer me dejó sorprendido con su historia cuando ella estaba hablando con un joven del país de Ghana en una reunión profesional. Le exliqué que en la cultura del oeste de África era de total irrespeto el mirar a una persona del país a los ojos cuando ellos son mayores de edad. La mujer quedó en schock. Ella me explicaba que estaba a punto de desistir de hablar con el joven ghaniano con el cual trabajaba porque como él nunca la miraba a los ojos, ella llegó a pensar que el joven era alguien furtivo o sospechoso. Ahora ella comprendía que el joven en realidad estaba siendo respetuoso con ella y estaba ansioso de seguir recibiendo ayuda de ella.

¿Lo ves? ¡Todo se trata de entenderse el uno al otro! La manera en que otros hacen lo que hacen o las conclusiones a las que ellos llegan quizás no sean las mismas que las nuestras. Necesitamos entender cuál es el punto inicial y darnos cuenta de que aunque la respuesta que recibamos no sea la que estábamos esperando no quiere decir que está mal: tan sólo es diferente.

He tratado de esclarecer el panorama de cómo una cultura es influenciada, cambiada y formada, en otras palabras, de dónde viene, qué es y qué es lo que la hace cambiar.

Para profundizar más esto necesitamos entender el efecto que la cultura produce en nosotros como individuos, como familia, como comunidad y como nación. Si escuchas ciudadosamente lo que tú oyes de muchas personas y aún de boca de gobernantes nacionales sabrás al momento que sus preguntas se relacionan mucho con asuntos culturales: Cosas como ¿Por qué el crimen está creciendo? ¿Por qué las familias se están separando cada vez más? ¿Qué está ocurriendo con nuestro sistema escolar en cuanto al abandono de los colegios por parte de los jóvenes? Éstas son definitivamente preguntas que apuntan a la cultura.

El hacernos la pregunta de qué es lo que hace a la cultura también nos estamos preguntando qué es lo que la cultura me hace a mí como individuo. ¿Cómo fuimos a parar aquí tanto como individuos y como grupo? ¿Qué efecto tiene la cultura sobre la familia y el individuo que necesitamos entenderla y, si llegamos a un entendimiento correcto, saber el porqué muchos de nosotros hacemos las cosas de froma diferente como les pasa a mis amigos de Suecia y Ghana?

Nosotros, eso espero, ya nos hemos puesto de acuerdo en que la cultura no es estática pero más bien semueve en constante cambio. Nos ayudaría en gran manera si entendiéramos muchos de los cambios que han y están tomando lugar para producir el "ahora" que nosotros vemos. Nos sorprenderíamos muchísimo si supiéramos que muchos sos efectos vienen de muy muy atrás. Nosotros sienpre estamos cosechando las conseciuencias de la historia. Si podemos entender las cosas que nos han cambiado e influenciado llevándonos y posicionándonos en la situación en la que vivimos entonces estaremos en una mejor posición para entender a cabalidad lo que está ocurriendo tanto personalmente como comunitariamente para de esa manera poder ayudar eficientemente a otros.

Vamos ahora a recapitular las grandes cosas que nos están cambiando en este momento como las peículas y la televisión. Y no nos olvidemos de otros adelantos tecnológicos como los celulares y las computadoras. Por ejemplo, ¿Sabías que en un país estalló una revolución gracias a los menajes de texto que los integrantes del grupo se mandaban los unos a los otros? *("Mensajería de texto derrocó a Joseph Estada en las Filipinas": Eric Ellis, Time Asia)* ¡Eso si cambió las cosas! ¿O no?

¿Pero qué hay sobre las cosas en nuestra historia que nos han cambiado? ¿Cuáles son esas cosas?

Según PEPA (Representación Efectiva y Práctica de las Artes) la cual por un tiempo era el grupo de arte de la iglesia en la cual formo parte, hubieron grandes eventos históricos en las últimas décadas que trajo tremendos cambios y etiquetaron, por así decirlo, a cada década con una palabra definitoria. Por ejemplo en la década de los 40 ellos usaron la etiqueta GUERRA. Por supuesto, ésa fue una época de guerra hasta comienzos de los años 50. (Al menos, esa es una perspectiva de acuerdo al Reino Unido)

Luego de la guerra vino la década de los 50 y para ésta época la etiqueta fue EXPECTATIVA. De nuevo, nosotros podemos entender el porqué de ésta etiqueta. El período de guerra mundial ya finalizó y existía una gran expectativa por un porvenir que trajera mejores cosas. Yo crecí en los años 50 y ciertamente fue un tiempo en donde las posibilidades de un buen futuro aumentaban. En mi vecindario todas las personas tenían una televisión en el año 1953 para ver la coronación de la Reina de Inglaterra. Todo tipo de cosas nuevas venían y se respiraba un ambiente de alta expectativa cultural.

Luego vinieron los años 60: una década de REVOLUCIÓN. La época hippie: ¡Paz y amor amigo! ¡Hagamos el amor, no la guerra! Ésos eran los slogans de aquel momento. La libertad, palabra que muchísimos de nosotros no entendimos (Y aún no entendemos en lo absoluto) se veía en aquella década como un agente poderoso de cambio y probablemente hoy en día nos sigue afectando profundamente en la manera en cómo vivimos hoy en día.

Luego de los 60, a medida que los adolescentes crecían para encontrar ésa paz, amor, sexo libre y drogas y a medida que ellos mismos se daban cuenta que ninguna de esas cosas cambió el mundo para mejor vino entonces una década de DESILUSIÓN. Su filosofía de libertad no funcionó. Muchos de los que buscaban libertad termnaron metidos en 5 o 9 empleos, terminaron casados con una tremenda hipoteca y se unieron a la carrera de ratas que ellos tanto habían despreciado. ¡Era comprensible el porqué se habían desilusionado!

Ha habido un debate sobre la etiqueta de los años 80 y ésta década no está tan lejos de nosotros pero PEPA usó la etiqueta EGOÍSMO. Las palabras clave de aquella época fueron cosas como ser siemre el número uno (aunque hoy en día ese deseo ha crecido una barbaridad) O tal vez considera la famosa frase de Margaret Thatcher "No existe tal cosa como la comunidad". Entonces llegó la década de los 90 ¿De qué se trató esa época? El grupo PEPA la etiquetó como DESESPERACIÓN ¿Estaban ellos en lo correcto? La empresa New

Musical Express, la cual era muy grande en ese entonces, reportó una cantidad de suicidios que se incrementaron en aquella época gracias al extremo resultado del extremo egoísmo que cosechó la civilización en los 80. ¡No podemos vivir como si esrtuvieramos anclados en nuestra propia isla privada! ¡Eso es desesperante! ¡Nos necesitamos los unos a los otros!

¡Lo siento Sra Thatcher! ¡Pero nosotros necesitamos la comunidad!

Cada uno de esas décadas ha tenido un efecto moldeador sobre nosotros en la cultura actual. ¿Y que hay de la década de los 00? PEPA no ha etiquetado aún a esta década actual pero para mí la palabra MIEDO es la que predomina en esta época en una escala internacional. Miedo en las calles, miedo del extremismo y miedo del fanatismo. Tal vez deba revisar esa etiqueta pero el miedo ciertamente ha tenido un impacto cultural profundo en nosotros incluso en términos de obesidad. ¿Cúan a menudo oyes a los padres decir: "Las calles están muy peligrosas hoy en día, prefiero llevar a mis hijos al colegio" Esto es resultado de la cultura actual, un gran cambio con relación a las anteriores décadas.

Aunque podemos ver como cada década o siglo nos habla de cambio hay algunos de esos cambios que han tardado años en penetrar en la sociedad, muchos más lento de lo que nosotros pensamos. Así que, en realidad, a pesar de que estamos cronológicamente aún cerca de las décadas de los años 80 y 90, los cambio más grandes que se están produciendo en nosotros empezaron realmente en los años 40 y en éste momento estamos cosechando sus consecuencias. Piensa sobre esos grandes cambios. Antes de la Segunda Guerra Mundial las mujeres no tenían que ir a trabajar. La guerra les creó la necesidad que que ellas sí debían trabajar y cuando la guerra terminó ellas no podían simplemente volver a sus casa para vivir la vida que estuvieron acostumbradas a vivir. Eso fue, y es, un grandísimo cambio cultural. De hecho, continúa evolucionando y cambiando formas de pensar hasta el día de hoy.

La Economía ¿Recuerdan esa cuarta pata? Ésta área cultural sigue produciendo cambios en nosotros cuando vemos, por ejemplo, los precios de la vivienda y el dinero que debemos pagar para costearnos los gastos de habitación y contribuir así con un techo para la familia. Todos esos cambios nos afecta como individuos, como comunidad y a la amplia cultura mundial. Yo pienso que es así ¿No crees?

Yo he llamado a ésta generación "La Generación Huérfana". Por todos los países del mundo yo veo niños huérfanos, hay más huérfanos hoy en día de los que ha habido alguna vez en la historia. Éstos huérfanos son moldeados por grandes cambios y presines. Algunos en el Occidente, no tienen padre por la crisis familiar que enfrentan. Los cambios culturales en ésta parte son tan grandes que incluso encontramos un niño en la familia en dónde ni su Padre ni su Madre son sus padres biológicos. Yo no estoy refiriéndome a aquellos huérfanos que nacen y a los pocos minutos su madre muere por parto o que nacen sin conocer a sus padres porquye murieron asesinados en una guerrilla. Me estoy refiriendo a aquellos padres que se separaron en divorcio o que optaron por el abandono.

La Madre puede tener la custodia de los niños y luego casarse de nuevo e incluso ya muerto el esposo o por otro proceso de divorcio, la Madre puede volver a casarse otra vez. Eso hijos pertenecen "a la familia" a pesar de que existe un gran número de parientes que no están directamente relacionados con ellos. Éste cambio persiste hasta hoy en día de forma asombrosa.

Entonces, en algunos países, la guerra ha creado un sinumero de huérfanos. Hay una gran falta de hobres, en algunos países tu muy difícilmente verás hombres jóvenes: o han emigrado a otros lugares, o están muertos o aún siguen peleando una batalla. El producto final es una cantidad inmensa de niños y ninas huérfanos.

En África, según su cultura tradicional. Era que cuando alguien fallecía y dejaba huérfanos tras su partida la familia extendida tomaba acción al respecto y el niño se convertía en miembro de una nueva familia. Con la llegada del SIDA esto ha causado tal presión en la norma cultural que ahora hay un rompimiento de esta expectativa y los niños en este continente ahora son dejados a su suerte sin ningún gobierno que los ayude. Ellos son dejados a su entera suerte y esto es realmente un huérfano. Estas cosas están creando cambios culturales grandes a nivel internacional y aún no sabemos a dónde nos llevará todo esto.

CAPÍTULO 3
¿CÓMO SE FORMAN LAS CULTURAS? (¿Y QUIÉNES SOMOS NOSOTROS?)

El hecho es que las culturas se están volviendo casi genéricas y nosotros estamos, y esto es a nivel mundial, sujetos a la tremenda presión cultural mundial sobre nuestras culturas locales. Sin embargo, Algunas de estas culturas están descubriendo su identidad la cual pensaron haber perdido ya hace mucho tiempo. Así que, en algunas áreas, hay un avivamiento de idiomas y un intento por descubrir la cultura originaria de una nación y un deseo intenso por volver a lo que solía ser antes. Tal es el caso de los Maoris en Nueva Zelanda, o los Galeses y Escoceses en el Reino Unido.

Mientras yo pienso que tales movimientos son interesantes yo, sin embargo, sí pienso que es bastante difícil poner al genio de vuelta a su lámpara y debemos reconocer que el efecto cultural mundial sí nos está afectando aún si tenemos el deseo de redescubrir el pasado. Yo he viajado a muchas partes del mundo por diferentes razones en la mayor parte de mi vida. En mi ponión, una de las cosas más interesantes era la manera diferente en que se hacían las cosas, la gran diferencia en las cosas que podías comprar en países distintos. Ahora tú no puedes decir que ahora ya toda esa variedad se ha ido para siempre pero en realidad muchos aeropuertos en todo el mundo venden genéricamente las mismas cosas, y las grandes tiendas y centros comerciales por todo el mundo venden generalmente las mismas cosas en las grandes ciudades. Aún la comida se está volviendo genérica. Quizás pienso de esta manera debido a que vivo en Londres y estoy persuadido por el hecho de que no puedo pensar en una comida nacional porque realmente no la veo disponible en ningún restaurante de Londres.

Una de las cosas más extrañas para mí es que ahora puedo ver en televisión casi los mismos programas que regularmente veo cuando viajo a cualquier otro país.

Algunas veces esos programas vienen con subtítulos, en los países más ricos ésos programas son doblados al idioma local. Eso es completamente divertido sobre todo cuando vemos vaqueros estadounidenses hablando en francés …pareciera que algo no está bien cuando los vemos hablar un idioma distinto.

La realidad es que nosotros obtenemos nuestra cultura de tales fuentes y si todas las personas del mundo vemos las mismas cosas entonces el efecto cultural universal "es la norma" no importa en donde estemos y aunque Bollywood produce el doble de filmes que Hollywood sin embargo es Hollywood el rey de la colina cuyo mercado tiene la distribución a nivel mundial.

Quiénes somos, en cierto sentido, es una pregunta cuya respuesta está definida por la cultura en la cual vivimos. Nos da un significado del ser.Si nosotros estamos muy alejados de lo que se percibe como "la norma" en una sociedad entonces nos convertimos en extranjeros y puede ser muy difícil y doloroso quizás convivir con tal sociedad. El problema es que para progresar, innovar, descubrir…de hecho, para cada habilidad empresarial que se menciona rutinariamente en una empresa es necesario que las personas se salgan de la norma, que dejen de encasillarse como el resto y hagan algo diferente. Esto a la final beneficiará a otros pero no será fácil hacerlo. Muy a menudo tales personas las etiquetan de extrañas o completamente erradas. Muchos de los gigantes de la innovación que comenzaron en el mundo empresarial fueron considerados locos. Aparentemente, cuando Henry Ford le pidió al banco un préstamo para reparar su fábrica de autos, un contador le preguntó a un banquero si el debería compartir sus acciones en la nueva empresa. El banquero dijo: -¡No! ¡Es completamente ridículo! ¡Simplemente no aguntaría! ¡No pierda su dinero amigo!

Aparentemente el contador no escuchó y decidió comprar acciones en la naciente empresa automotriz. Se volvió millonario al cabo de un tiempo. Sin embargo tu puedes ver que el emprendedor, en esta ocasión el creador de los carros Ford, era considerado por muchos un loco de remate por la simple razón de que no encajaba en la sociedad ni en la cultura del momento. Estaba completamente fuera de "la norma".

Así que si nuestra posición cultural es tan importante para nosotros, y usualmente es así, entonces ¿Quiénes somos nosotros? Esta pregunta es más complicada de lo que muchos de nosotros podemos llegar a pensar. Nuestra cultura nos persuade a pensar y a actuar de ciertas formas y maneras que son consideradas como "normales" y ése "normal" está sujeto constantemente a muchos cambios. Normalmente, el cambio se da a través de pequeños pasos incrementados de tal forma que ni nosotros lo notamos. De hecho, cuando las culturas pasan por un proceso rápido de cambio entonces el mismo crea una presión en nosotros que se convierte en absuto estrés. En las pasadas dos décadas y particularmente en el Occidente hemos experimentado largos y rápidos cambios. Muchos de ellos se deben a innovaciones tecnológicas las cuales se han incrementado más hoy en día que hace aproximadamente unos cien años. Esto incrementa la ansiedad en todos nosotros. Uno tan solo debe ponerse a pensar en las experiencias que muchas personas mayores pasaron cuando en el Reino Unido la moneda pasó de un sistema imperial a uno decimal. Entre más joven seas, más fácil lo asimilarás, pero sin darte cuenta estás experimentando un cambio repentino en algo que tú consideras normal. Aún hay personas de 20 y 30 años que aún no se acostumbran a ése cambio en particular.

Nuestra cultura nos persuade a pensar de cierta manera pero en realidad la manera en la que pensamos sobre algunas cosas vienen de muy atrás. En realidad, muchas de las cosas que hacemos son más antiguas de lo que nosotros imaginamos o pensamos.

De hecho, muchos se ustedes se sorprenderían de saber que muchos de nuestros conceptos de cosas como la religión y la educación vienen de la era Romana y no fue el pensamiento romano lo que nos influenció sino el pensamiento griego que los romanos tomaron para sí por todas las áres y zonas que conquistaban.Este pensamiento luego se expandió al resto del mundo en los tiempos coloniales porque muchos de esos poderes coloniales habían sido originalmente conquistadso por Roma.

Aún creo que una cultura viene y existe gracias a la formacíon de las cuatro patas de la mesa que la conforman. Como ya lo he mencionado anteriormente: La Educación, Los Medios de Comunicación, Los Negocios y La Política son las responsables de la cultura. Si no tienes comida en tu estómago, si no tienes ropa y no tienes un lugar en el cual quedarte ¡Entonces eso afectará grandemente en tu manera de pensar y actuar! ¡Es obvio! Y eso se puese traspasar a los negocios. Si la comida en una empresa de alimentos está en manos de unas cuantas personas y no del colectivo entonces habrán problemas.

Si los políticos del momento, aquellos que controlan los niveles de poder, hacen cosas que crean dificultades a la mayoría de la población entonces el resultado tendrá un efecto moldeador en la población entera. Nosotros somos cambiados e influenciados por estas cosas y de acuerdo a la Pirámide de las Necesidades Básicas de Maslow, éstas cosas básicas como comida, abrigo y agua deben estar cubiertas antes de siquiera pensar a moldear o hacer cosas más altas como el arte o la educación. De todas la necesidades, éstas que acabo de nombrar son las más básicas de todas. Me parece muy obvio que estas cosas afectarán nuestras expectativas culturales y acciones de una manera profunda si no las tenemos.

Una de las cosas de la que estamos siendo testigos en nuestro mundo hoy es la caída de algunos sectores y grandes regímenes como la Unión Soviética, Yugoslavia y, en cierto punto, el conflicto en Iraq. Lo que pasa, lo que está pasando es que cuando estos sectores que vivieron del control caen vienen los secretos y los descubrimentos y nos damos cuenta que muchos de estos regímenes quisieron crear una cultura nacional impuesta. Cuando éstos caen, la sociedad entonces se fragmenta para crear sus propias "tribus". En realidad esto es una identidad o etnicidad nacional mucho más pequeña. Realmente es la extensión de una familia " mucho más grande". Usualmente este grupo habrá estado en el lugar en donde el comportamiento aceptado por la sociedad fue aprendido y por consecuencia, cuando el control que los regía cae, el grupo retrocede. Como ya lo hemos visto ésta no es la receta para una gran paz o estabilidad pero más bien el surgimiento de nuevos conflictos y choques culturales. Es mi tribu contra todo el mundo.

El Dr. Patrick Dixon ha escrito bastante sobre este tema. Aquí adjunto su comentario de un artículo reciente: Todo terrorismo es extremo tribalismo influenciado por una injusticia percepcional. A menos que los gobiernos hagan algo para solucionar la creciente brecha entre las naciones más adineradas y las más pobres lo más probable es que los gobiernos vean nuevos movimentos de protesta que poco a poco se convierten simplemente en grupos terroristas. La televisión recientemente ha examinado el fenómeno tribal. No es nuevo: es casi tan viejo como la humanidad.

CAPÍTULO 4
DEFINIENDO UNA CULTURA

¿Cómo definimos una cultura? Bueno…eso depende. Muy a menudo no lo hacemos. No podemos dar una definición de cultura cuando las personas alrededor nuestro se parecen mucho a nosotros y eso puede significar varias cosas: color de piel, acentos, estilo de vestir, tipo de vivienda, uso de cosas como carros o mulas. De hecho, cuando las personas alrededor nuestro tienen muchas cosas en común y les gustan las mismas cosas que a nosotros entonces encuentro que aspectos como cultura ni siquiera se hablan en tales grupos sino que la cultura es definida por lo que es "normal" o "lo que todo el mundo hace". Eso, por supuesto, puede ser algo peligroso especialmente cuando una comunidad atrae a un flujo de personas de otra cultura. Entonces, porque ellos son diferentes y vienen de una cultura distinta con normas diferentes entonces ellos pueden ser maltratados, burlados, atacados y humillados tan solo porque son diferentes.

Vivir un una cuidad y en un área multirracial, multiétnica y multitodo me hace ser consciente de que estoy rodeado de distintas culturas. Mis vecinos de al lado hablan ruso y mi vecino del lado derecho habla el dialecto de Kerala, India. Estoy consciente de que hay expresiones , expectativas y diferencias que me presionan todo el tiempo. Lo que es normal se convierte en una pregunta difícil de contestar. Mi amigo Phil Enloe, que viene de los Estados Unidos, podría decir lo mismo en cuanto a la pronunciación en Inglés. Él viene del oeste medio del país y me pregunta siempre si la palabra inglesa tomato (tomate en español) se dice "to-may-tow" o "to-mar-tow", Lorry or Truck, Boot o Trunk, Hood o Bonnet, Billfold o Wallet. Bien, él lelgó a la conclusión de que cualquier palabra que uses de froma local ¡Esa es la correcta!

Así que si nosotros definimos una cultura la definición que normalmente daríamos sería "la norma local" o "lo que está establecido"

Una de las cosas que nosotros necesitamos estar bien conscientes, porque muchas veces no lo estamos, es que "lo ya establecido" es probablemente más útil que normal o aún peor: más útil que correcto. Mi experiencia a menudo ha sido que lo que está bien y está mal normalmente no cuadran en las definiciones de cultura. Más bien sería mejor enfatizar el hecho de que ésta es la manera en cómo lo hacemos o ésta es la manera en que lo haces. Ni bueno ni malo. ¡Tan solo distinto!

Me he involucrado en muchas iglesias y yo trabajo muchísimo con iglesias Tamil en Suiza y Francia. La parte más divertida es que los Suizos siempre me señalan lo mal que los Tamil hacen las cosas. Las reuniones comienzan cuando deben comenzar y terminan cuando deben terminar y si tu estás en un país germánico entonces ese modelo de reunión es errado para ellos ya que las reuniones en Alemania, Suiza o Austria comienzan y terminan en un tiempo determinado. El reloj es el jefe ¡Y ay de aquel que desacata la ley del Tiempo Suizo! Sin embargo, como soy blanco- el mismo color que la mayoría de la gente suiza- ellos asumen que yo estaré de acuerdo con su interpretación. Imagínense el shock cuando una muchacha joven, una de muchas me atrevería a decir, me explicaba lo mal y errado que se manejaba la situación.

Yo respondí: "Sí. Yo tengo el mismo color que usted. Sin embargo, no vengo de la misma cultura. ¿Sabe lo que me gustaría hacer cuando estoy en Suiza?

"No. ¿Qué sería?"

"Bueno" lerespondí tristemente "Me gustaría que los trenes llegaran tarde y tirar basura en el suelo" Ella, por supuesto, quedó horrorizada.

Cuando definimos una cultura normalmente pensamos en la comunidad, en dónde vivimos, las personas que viven en los alrededores, las personas que conocemos y aquellas personas que nos caen bien. Es impoerante, de todas formas, hablar sobre la cultura de organizaciones, la cultura de una compañía, un hospital, una escuela, una estación de policía, un partido político. Todas estas áreas de esfuerzo humano terminan con una cultura. Algunas veces la cultura ayuda mucho otras veces no tanto. Usualmente, casi siempre, nadie se sienta y obtiene un manual sobre la cultura en las compañías. Algunas veces puede pasar pero es usualmente en en esas cosas no escritas en dónde pareciera que todo el mundo las hace. ¿De dónde vino? ¿Por qué está allí? ¿Cómo se llegó a eso? Y la pregunta más difícil: ¿Cómo lo cambiamos si es que queremos hacerlo? ¿Podemos hacerlo?

Por supuesto, como repetiré muchas veces, la cultura no es estática sino que está en constante cambio y continúa. Algunas veces de manera lenta y otras de forma rápida. Hay otras veces que se mueve sin nuestro entendimiento o consciencia definida usualmente amedida que miramos hacia atrás. Muy pocos toman en cuenta este aspecto y tratan de vislumbrar el futuro y entender hacia dónde e dirige como mi amigo el Dr. Richard Nixon. No es algo sencillo de hacer. Algunos, para bien y para mal. Intentan manipular una cultura por las razones que sean adecuadas para ellos muchas veces de forma altruista y otras con la exclusiva mala intención y muy a meudo sin la consciencia de un colectivo. ¿Es importante entonces el entender la cultura, el como definirla y el cómo nosotros la aprendemos? ¡Te aeguro que sí!

CAPÍTULO 5
CAMBIO CULTURAL EN NUESTRO MUNDO

¿Cambio cultural en nuestro mundo? Por supuesto. La cultura es cambiante y muchas veces de manera imperceptible. Más atrás en el Capítulo 2 hablé sobre esto en cuanto a los diferentes cambios que el mundo experimento a través de las últimas décadas y las razones de tales cambios.

El Cambio es influenciado por todo tipo de cosas: la guerra cambia la cultura y ésa es una de las razones por la cual el rol de la mujer cambió dramáticamente en el Reino Unido. Sí, es verdad que las presiones grupales en el ámbito femenino ya comezaban a anhelar un cambio pero la razón principal por la que las mujeres se vieron obligadas a trabajar en las fábricas fue porque los hombres estaban fuera en una sangrienta guerra y eso cambió para siempre la percepción de lo que las mujeres hacían y podían hacer ahora en el Reino Unido de aquel entonces. La empresa de chocolates británica Cadburys Chocolate antes de la guerra tenían un código de ética único: si un empleado contraía matrimonio tu podías (Y es cierto lo que digo) dejar de trabajar. El director de la compañía daba unas palabras de despedida y se le daba a la mujer una flor y una Biblia y toda la empresa le deseaba a la mujer un futuro brillante. ¡Desde ese momento la mujer dejaba de trabajar!

El SIDA ha creado un cambio cultural muy grande. En África, si un padre (o padres en tal caso) moría entonces la familia extendida (tíos, tías, abuelos, abuelas) se encargaban del infante. Pero el SIDA ha sido tan grande en este continente que ésta normal cultural desapareció casi por completo. En Kenia, por ejemplo, hubo un tiempo en que más de 700 personas morían de sida al día.

En esta situación, las viejas y antiguas normas culturales se desvanecieron y la cultura comienza a cambiar así que en dónde no habían orfanatos porque la familia extendida se encargaba de los niños de su propia red familiar ahora son los lugares necesarios para prácticamente dejar a los niños allí y los que no podían entrar a uno eran dejados a su suerte por las calles sin nadie que se responsabilizara por ellos.

La tecnología también crea el cambio. Lo hemos visto en el Reino Unido: lavadoras, lavavajillas, carros, aviones y en las últimas dos décadas artefactos como los celulares, màquinas de fax, computadoras y el famoso www que ha creado tremendos cambiso en la sociedad y en la cultura.

¿Quién hubiera imaginado que hordas de niños de primaria salen de su colegio a las 3:30 de la tarde con sus teléfonos inteligentes chateando con sus amigos ya sea en Skype, Whatsapp, Snapchat o Facetime? Éstas tecnologías han cambiado nuestra cultura. Ellas cambian nuestras perecepciones, expectativas, acciones y cultura.

Ya he dicho que los medios de comunicación tienen un efecto poderoso en una cultura y la cambia. La dominación de Hollywood y Bollywood ha tenido un alcance mundial y crea cambios masivos en la cultura mundial. Los estudios también crecen, crean expectativas gigantes y muy a menudo masivas decepciones cuando lo que pretenden mostrar al espectador como "vida normal" no se cujmple en las vidas ordinarias de muchas personas. Existen aquellos que están muy conscientes del poder de esos modelos culturales y algunos de ellos los usarán para bien y otros para mal. El mundo de la publiciad es muy poderoso. Siempre me divierte el hecho de que los publicistas en la televisión nos dicen que ellos no están influenciando a nadie con sus propagandas ni cambiando la manera en que vivimos y pensamos. Si ese es el caso ¿Por qué entonces muchos de ellos pagan grandes cantidades de dinero a compañías y organizaciones par que publiciten sus anuncios?

El idioma también cambia, moldea y hace a una cultura. Yo solía pensar que era un poco absurdo y tonto cambiar las palabras en el idioma Inglés tan solo para aparentar ser más correcto: manhole por "person entrance" chairman a "chairperson" (Traducción español: entrada por entrada de la persona, ponente por expositor) Tuve que cambiar mi mentalidad. Las palabras son poderosas y si usamos las palabras equivocadas en la manera equivocada ellas tendrán un efecto demoledor en nosotros. Cambia las palabras y ten por seguro que los pensamientos cambiarán y eventualmente la cultura cambiará.

Déjame contarte una historia. Es una de esas historias que no entiendo realmente pero que fui capaz de observar. Yo estaba en la ciudad de París, en Francia hablando con una amiga, una joven estadounidense lingüista. Era una mujer muy capaz: hablaba nueve idiomas. Acabamos de terminar una reunión con la comunidad Tamil y honestamente yo no hablo ese idioma y mi francés es muy malo así que preferí hablar en mi inglés natal. Por el contrario, mis amigos Tamil eran políglotas. Este grupo hablaba Tamil, Francés e Inglés fluidamente. Mi amiga de los Estados Unidos me preguntó si yo quería ver algo interesante. Yo accedí así que ella me aconsejó que prestara mucha atención para que pudiese ver algo que cambiaría mi percepción aquel día. Todos los adolescentes Tamil estaba hablando en su idioma y para aquellos que conocen la cultura Tamil sabrán que es una cultura en dónde el toque físico no es muy común. Tú ni siquiera estrechas manos los unos con los otros. Tú dices "hola" al poner las dos palmas de tus manos juntas para inclinarte en señal de respeto y ¡Ni se les ocurra tocar a una mujer Tamil! ¡Más aún si es una jovencita! Observaba con atención y notaba que la conversación discurría de una forma muy común en su costumbre asíatica: muchas palabras, muchos movimientos de cabeza pero nada de toque físico ¡Nada!

Mi amiga entonces se acercó al grupo para unirse a la conversación.

Me apoyé en un árbol en aquella calle Parisina mientras veía a mi amiga hablar Tamil (Con muy mala gramática, me decían mis amigos Tamil) A medida que la conversación avanzaba, las costumbres Tamil también avanzaban y los protocolos también continuaban. Entonces, de repente, mi amiga cambió de idioma y comenzó a hablar Francés. Pienso que porque ella estaba allí y porque este grupo de adolescentes dominaba este idioma tanto como el otro comenzaron todos ellos entonces a hablar Francés también pero fue entonces en aquel momento dónde realmente me dí cuenta de lo que ela quería decirme…no solamente el idioma y las palabras cambiaron pero el lenguaje corporal también cambió. Ahora este grupo que no se tocaba en lo absoluto se convertían en personas Francesas que se daban la mano y se besaban la mejilla.

Y de pronto ellos se estaban comportando como auténticos franceses a medida que ellos se despedían en un estilo muy parisino. Ya no eran Tamil sino que se convirtieron en europeos tan sólo por un cambio de idioma y de palabras.

No entendí realmente que pasó ¡Pero lo ví!

Las leyes también afectan nuestra cultura. A medida que las leyes de divorcio se han vuelto más asequibles en Gran Bretaña el divorcio se ha incrementado. Esto ha puesto una presión cultural en las familias. Hace sesenta o incluso 100 años atrás existían las familias extendidas en el Reino Unido. Normalmente las familias vivían cerca la una de la otra, casi siempre en la misma cuadra o calle así que si tenías un mal padre o mala madre al menos tu primo o tío se convertiría en uno muy bueno y se establecería así un rango de expresión familiar.

Ahora ya no es así. Ésa familia extendida se dividió en pequeñas unidades con Papá, Mamá y dos niños o lo que yo llamo las "mini familias" las cuales se mudan de la familia extendida. Entonces, en un país dónde el divorcio prácticamente se está incrementando ésta familia se ha vuelto aún más pequeña: con un padre soltero o madre soltera y su hijo o hija. Esto ha creado una tremenda presión en la vivienda ya que crea más necesidad de albergar a micro familias Esto también significa que los padres no saben realmente cómo ser padres ya que no lo han visto o no recibieron un buen ejemplo de ello así que esto arrastra una mala crianza y así continuamos con los muchos problemas que tenemos en nuestro país. Los padres no saben como ser padres de forma natural ya que siempre se retraen a su propia infancia y a lo que ellos han vivido. Si ellos jamás vieron nada, o aprendieron algo ¿Por qué debemos entonces asumir que el conocimiento está allí?

Una cosa es segura: Si nosotros queremos cambiar una cultura, cualquier cultura - sea un país, un servicio público, una compañía, una caridad o una iglesia – la única manera de cambiarla el el involucrarnos con ella. Nos ayudaría a conocer, por supuesto, lo que es y lo que queremos cambiar de ella. Todo eso nos lleva a la necesidad de deinir nuestro propio sistema básico de valores porque eso también tendrá un efecto poderoso en nuestra cultura.

CAPÍTULO 6
LA CULTURA Y EL FACTOR CAMBIO

Como ya se ha dicho anteriormente en otras ocasiones el cambio en la cultura ocurre todo el tiempo. La cuestión es que muchos de estos cambios culturales tomaron lugar hace unos cientos de años. El cambio que es gradual es normslmente el más sencillo de asimilar. No es aterrador y muchas veces no nos damos cuenta de los cambios que se están suscitando ya que muchas veces éstos cambios se dan de forma gradual.

En la historia mundial ése no ha sido siempre el caso. Tales cosas como grandes oleadas imigratorias de personas por la guerra, sequía y hambruna afectaron siempre las áreas en dónde un grupo de personas convivían y terminaron por causar grandes cambios culturales.

Otros grandes cambios en la cultura mundial definitivamente pudo haber sido la hambruna en Irlanda que produjo el consumo masivo de papas irlandesas, la invención de las máquinas de coser en la industria textil y todo el cambio que la Revolución Industrial produjo en todo el Occidente. Cambiar de una cultura industrial de algodón a una de transacionales y sucursales tuvo que haber tenido implicaciones culturales a gran escala. Eso es seguro.

El Cambio puede ser doloroso. Muy a menudo queremos resistir el cambio el cual está fuera del control ordinario de una persona tales como cambios industriales o avances tecnológicos de información.

Así que después de la Segunda Guerra Mundial, muchos soldados querían regresar al status quo en el cual vivían antes de la guerra: las esposas se quedaban en las casas y el esposo salía a trabajar. El problema es que muchas de las chicas ya habían experimentado un ambiente laboral y para ellas éste ambiente les traía muchos beneficios. El incremento de la interacción humana que el ambiente laboral traía así como la adquisición de su propio salario les ofrecía una libertad que ellas no habían considerado posible antes de la guerra así que muchas de ellas no querían regresar a su antiguo estilo de vida. ¡El genio ya había salido de la botella! ¡La cultura había cambiado y a las mujeres les gustaba mucho eso!

La revolución industrial creó un cambio de naturaleza masiva. De una cultura en dónde las industrias de algodón rurales eran la norma a otra en dónde las grandes corporaciones en masa como algodón, hierro, carbón y acero ya dominaban el panorama mundial era algo interesante. La mecanización dio vida a las líneas de producción automotriz, textil e incluso de chocoaltes. Esto trajo como consecuencia la necesidad de reclutar personal en gran número y entre más cerca estaban las grandes empresas de la materia prima mayor era el crecimiento y progreso del productor a pesar de que alojamientos baratos para los trabajadores comenzaron a erectarse en los alrededores de éstas empresas. A medida de que los sueldos crecían, el área en dónde éstas personas trabajan se convertía en una villa u urbanización en dónde muchos trabajadores emigraban de sus grandes casa para vivir en pequeños espacios con ciertas comodidades. Éste fecto creció y suigue creciendo hoy en día en nuestras comunidades y en muchas urbanizaciones a lo largo del mundo entero. La urbanización ha creado un inmenso cambio no sólo en el trabajo y la familia sino también en una tradición que llevaba más de cien años en la sociedad.

Sólo para tu interés yo he detallado los cambios de éste movimiento urbanístico comenzando por el año 1950:

1950:

1. NUEVA YORK: 12.3 MILLONES
2. LONDRES: 8.7 MILLONES
3. TOKIO: 6.7 MILLONES
4. PARIS: 5.4 MILLONES
5. SHANGHAI: 5.3 MILLONES
6. BUENOS AIRES: 5.1 MILLONES
7. CHICAGO: 4.9 MILLONES
8. MOSCÚ: 4.8 MILLONES
9. CALCUTTA: 4.4 MILLONES
10. LOS ÁNGELES: 4 MILLONES

Y nos vamos directamente al año 2000:

1. CIUDAD DE MÉXICO: 25.6 MILLONES
2. SAO PAULO: 22.1 MILLONES
3. TOKIO: 19.1 MILLONES
4. SHANGHAI: 17 MILLONES
5. NUEVA YORK: 15.7 MILLONES
6. CALCUTTA: 15.7 MILLONES
7. MUMBAI: 15.4 MILLONES
8. BEIJING: 14 MILLONES
9. JAKARTA: 13.7 MILLONES
10. LOS ÁNGELES: 13.9 MILLONES

Y en el año 2008:

1. TOKIO: 35.197 MILLONES
2. CIUDAD DE MÉXICO: 19.411 MILLONES
3. NUEVA YORK-NEWARK: 18.718 MILLONES
4. SAO PAULO: 18.333 MILLONES
5. MUMBAI: 18.196 MILLONES
6. GRAN CAIRO: 17.856 MILLONES
7. DELHI: 15.048 MILLONES
8. SHANGHAI: 14.503 MILLONES
9. KOLKATA: 14.277 MILLONES
10. JAKARTA (JABODETABEK): 13.215 MILLONES

Muchos de nosotros nos adaptamos al cambio en pequeñas dosis el problema viene cuando nosotros pasamos a través de cambios culturales bruscos que nos hacen sentir completamente inseguros. Perdemos nuestros puntos de enfoque, nos sentimos fuera de control, confundidos y esto afecta particularmente a la gente de mayor edad. Cuando el cambio monetario tuvo lugar en el Reino Unido (de un sistema imperial a un sistema de decimalización en múltipos de 12) muchas personas se adaptaron al cambio y muchas otras aún hoy en día se les dificulta el asimilarlo completo llevándome a pensar que haría falta una generación completamente nueva que terminara de aceptar por completo el cambio introducido hace tiempo atrás.

Considera también el cambio en las comunicaciones en nuestra era: Internet, las máquinas de fax, el teléfono celular. Una pletora impresionante de cambios que para la nueva generación es más que normal pero que para las generaciones más antiguas es mucho más difícil. Yo le compré a mi esposa un teléfono antiguo, con un disco para marcar los números y con un auricular grande para hablar y contestar. Una niña de 14 años me preguntó:

-¿Pero qué es eso?-

-Un teléfono- le respondí

-Pero no tiene teclas ni nada ¿Cómo se supone que alguien haga una llamada?-

Le mostré entonces cómo se usa un teléfono a lo cual ella respondió:

-No podría hacer eso. ¡Dañaría mis uñas!-

La misma joven me preguntó que programa de televisión veía cuando tenía 14 años. Le expliqué que la televisión no existía en esa época. La radio era aún una fascinación y la televisión no tuvo mucho auge hasta 1953.

-¿Entonces qué rayos hacías tú?- me preguntó la joven atónita.

-Leía libros- le respondí

-¿Leías qué?- me preguntó totalmente sorprendida.

La tecnología, junto con todo otro tipo de cosas, tiene el poder de cambiar la cultura. Cambia la forma en que vivimos y por lo tanto cambia la forma en que pensamos. Incluso nos hace cuestionar nuestro sistema de valores lo cual significa que el tener un sistema de valores que dyre nosotros debemos estar seguros de dónde viene. Entonces ¿Es la cultura tan solo algo que se pasa de vecindario a vecindario, de tribu a tribu, de familia a familia o es la base por la cual nuestro sistema de valores es probado más y más y que proviene de una fuente mucho más alta?

CAPÍTULO 7
LA CULTURA Y EL ROL DE LA MUJER

Muchas personas jóvenes, y particularmente muchas jóvencitas que viven en el Occidente no entienden realmente los cambios que se han suscitado en los últimos 100 años. Tristemente, algunos jóvenes no están particularmente interesados en la historia y de lo que nos ha pasado para llegar a la cultura en que estamos y cómo ésta nos ha formado. Sin embargo, considero que sería de gran importancia el saber porqué llegamos aquí. Sin ese conocimiento habrán ciertos enlaces ausentes a nuestras acciones y manera de vivir.

Nosotros debemos aprender de la historia y no cometer los mismos errores de la historia. Desafortunadamente, no aprendemos de ella y cometemos los mismos errores una y otra vez. Si no nos tomamos ni siquiera la molestia de entender siquiera un poco nuestra historia entonces hay algo realmennte ausente en nuestra persona.

En este capítulo vamos a discutir sobre el rol de la mujer en la cultura. Desde la mitad del último siglo hasta nustros días las perspectivas de la mujer (particularmente en el mundo Occidental) han sufrido cambios gigantescos en áreas como el trabajo, la crianza infantil, uso del dinero y de las leyes y muchas otras áreas en las que tú deberías (Y me gustaría que lo hicieras) considerar.

No deberíamos simplemente considerar el rol de la mujer en nuestros países solamente. Por favor, considera el rol de la mujer en países de crisis extrema, particularmente aquellos en problemas bélicos.

Tan solo observa las elecciones que ellos hacen en términos de matrimonio, trabajo y la educación. Considera tanto su bienestar y contribución económica a la familia y a la nación como un todo. Pregúntate a ti mismo qué tan influyente son éstas personas en ésas áreas y qué se necesitaría (si fuese estrictamente necesario) para que éstas personas llegasen a ser más influyentes o menos influyentes que antes. Digo esto último porque la influencia puede edificar o dañar a una sociedad de formas inimaginables. El mal liderazgo en algunos países ha dañado a una sociedad mientras que un buen ejemplo de liderazgo e influencia ha levantado naciones.

Históricamente ¿Qué fue lo que trajo el cambio a las mujeres en el Reino Unido? ¿Ha habido realmente grandes cambios debido a esto? Uno de los acontecimientos que ha traído todos estos giganyes cambios fue la Segunda Guerra Mundial. Lo que ocurrió en el Reino Unido fue dramático: los hombres estaban fueran peleando una guerra ¡Eran demasiados! Eso hizo que las fábricas quedsen vacías y ya no habían hombres que siguieran el trabajo de hacer misiles, transporte, municiones, aviones así que simplemente la mano de obra masculina pasó a ser mano de obra femenina.

Hasta este momento se esperaba que las mujeres fuesen amas de casa. Incluso compañías como Chocolates Cadbury, la cual tenía una gran perspectiva de justicia siendo una de las primeras compañías en introducir trabajadores representativos a su junta y el proveer a los empleados de viviendas dignas con el famoso slogan de "Bourneville una fábrica en medio de un jardín", fueron a la cultura de su tiempo y asumieron que si una empleada se casaba ya no le era necesario traajar. ¿Por qué' Porque culturalmente ésa era la norma aceptada en aquel entonces. ¿Puedes ver cómo las cosas han cambiado desde entonces?

De hecho, Cadbury tiene la tradición de darle a la joven en matrimonio una Biblia, un Carnation y por supuesto sus cartas, P45 en el habla británica de hoy en día. El cambio de estas cartas no ocurrió hace mucho y aún muchas personas lo recuerdan.

Así que para una mujer casada el ir a trabajar era algo muy extraño hasta esos días en que la guerra llegó. Puedes vislumbrar esa cultura antes de la guerra cuando observabas los antiguos anuncios de televisión que mostraban artículos domésticos para el hogar. Las propagandas de principios de los 50 mostraban a las mujeres con aspiradoras, lavadoras y planchas las cuales les iban a cambiar la vida para siempre. Ellas aún podían estar en casa, sentarse y hacer nada ya que las máquinas hacían todo el trabajo. No estoy seguro de lo que muchas de ellas pensaron en cuanto a qué se podía hacer en aquel maravilloso momento de ocio.

El gran shock que los hombres experimentaron luego de regresar de la guerra para casarse con sus prmetidas o regresar con sus esposas fue el hecho de que sus espoas y prometidas no volverían nunca a vivir de la misma manera. Ya les gustaba ir a trabajar, les gustaba socializar y les fascinaba la libertad que el dinero ganado les daba. Ellas querían un nuevo mundo y eso causo una gran agitación y aún sigue causando estragos en la sociedad. ¿Porqué yo me referí anteriormente al hoy? Bien, tan solo observa cuántas veces oyes en las noticias el asunto de que las mujeres no han logrado aún una paridad de sueldos en éste u otro trabajo, observa como se hacen diversas entrevistas sobre el rol de la mujer en un hogar, particularmente en aquellas parejas que tienen trabajos a tiempo completo. ¿Qué es la cosa que hace que una familia haga la mayor parte de u trabajo en la casa o con niños? Nuestras perspectivas históricas no son tán fáciles de cambiar. Seguro, existe más igualdad en ciertos aspectos pero la perspectiva histórica cultural está aún allí y es muy fuerte incluso entre nuevas generaciones.

El rol cultural de la mujer en el mundo es un tema particular muy importante. ¡Muy importante si lo que nosotros queremos es traer un cambio a este mundo!

Es bien sabido que cuando a la mujer se le da la oportunidad de ganar o desarrollar su propio negocio esto tiene el efecto de producir grandes vuelcos culturales ya que si la mujer está trabajando y ganando buen dinero los niños entonces son enviados a las escuelas, son mejor alimentados, mejor educados y mejor cuidados así que el cambio en una nación comienza a tomar lugar.

Piensa en las cosas que han traído un cambio a las mujeres en el Occidente aunque tristemente no en varias áreas del mundo. Cosas como el votar, por ejemplo, las mujeres en el Reino unido sólo pudieron hacerlo en el año 1918 y las mujeres Suizas en el año 1971 y eso es el "Occidente Ilustrado". Así también el derecho a trabajar, aplicaciones de cocina con la expectativa de que los hombres pudieran cocinar también. Tan solo hace 130 años atrás las mujeres en el Reino unido que estaban casadas no tenían ni siquiera derecho sobre el dinero que ellas mismas ganaban así como cualquier niño que salía del matrimonio. La esposa no obtenía nada y ella misma era propiedad del esposo.

Me gusta preguntar a las personas que vienen al Reino unido por primera vez la diferencia más grande que han notado. Una joven que acababa de llegar de una pequeña aldea en África me replicaba lo siguiente: "¡Ustedes nunca cocinan!" Yo, por supuesto, dije: "Eso no es verdad. ¡Por supuesto que cocinamos!" a lo cual ella replicó "No. Ustedes no lo hacen. Tan solo ponen la comida en esa màquina y ¡Pang! ¡Ya tienen una comida!" Ella nunca había estado en contacto con un microondas antes hasta entonces. Le pregunté a qué ser refería ella con cocinar una comida. "Bueno…¡Eso es casi todo un día de trabajo! Tengo que caminar al río para agarrar agua lo cual es un largo camino. Luego debo caminar otras millas para buscar leña y entonces si es pollo…debo cazar uno, cortarle la cabella, deshuesarlo, limpiarlo y es allí cuando estaré lista para preparar una comida. ¡Y eso es un largo trabajo!" La comprendí totalmente.

Todas estas "actividades de negocios" tienen efectos culturales a tal punto que cuando tú cambias tu marcas una gran diferencia que afecta a la cultura como un todo. He visto los efectos en otros países en cuanto a la incorporación de un tanque de agua. ¡Las personas ya no tenían que ir a recoger agua ya! He visto el gran impacto cultural de la televisión en Sudáfrica y he visto los efectos del celular en un granjero africano al ver los precios del maíz en Nairobi, Kenia. La tecnología cambia las cosas pero cambiar la vida de una mujer causa un impacto mucho más grande a la larga. Mira lo que está pasando en el Occidente…y en muchos otros países…no se necesita una tecnología inteligente sino simplemente facilitar el acceso al agua, por ejemplo. Una abotella de plástico que recolecte agua de lluvia para luego purificarla tiene un efecto cultural muy grande en una sociedad. ¡Quiero que prestes atención en cómo el rol de la mujer ha cambiado y cómo se puede mejorar!

CAPÍTULO 8
CÓMO LA URBANIZACIÓN CAMBIA UNA CULTURA

Hace algunos años atrás yo estaba en una de mis visitas regulares al país de Sri Lanka. En esta ocasión fui invitado a ir al noreste del país a un lugar llamado Trincomalee. Fue un viaje largo desde Colombo, la capital, pasando por el medio de la jungla y la tensión volvió a crecer mientras recibíamos noticias de que la guerra había estallado de nuevo en el Norte. Nuestro tren se detuvo justo antes de entrar a la jungla y muchos soldados con rifles se montaron en el tren y se apostaron en cada ventana y en cada puerta del tren. Observé la jungla con detenimiento y comencé a entender cuál era su rol en ese momento esperanzado de que tuvieran mejor visión que yo ya que todo lo que podía ver a lo lejos eran solo árboles ¡Sólo árboles!

En el viaje me acompañaban líderes de las iglesias de Colombo junto con una multitud de jóvenes de la misma ciudad, muchos de ellos en su edad adolescente y nunca ninguno de ellos habían estado en aquella parte de su país ya que siempre habían vivido en la capital.

Al llegar a nuestro destino, habiendo pasado ya la rígida estación de seguridad en donde revisaban bolsos y pertenencias personales llegamos a la calle principal de Tricomalee.

Era un día bastante agitado con cientos de personas alrededor y, por supuesto, muchos de ellos se quedaban mirando a éste extraño hombre blanco que caminaba alrededor de ellos ¡Yo, por supuesto! Eso no me sorprendía en lo absoluto ya que no habían muchos visitantes extranjeros en aquella zona en esos días. También noté algo en la curiosidad de los locales. Ellos le prestaban mucha, pero mucha atención al grupo de jóvenes Tamil de Colombo. Éstos jóvenes, mientras hablaban el idioma, el cual yo no sabía en lo más mínimo, y siendo parte de un país al cual no pertenezco, parecía un ser extraño en este pequeño pueblo. Yo observaba mientras ellos caminaban las calles con mucho interés.

La forma en que éstas personas hablaban era totalmente distinta a los adolescentes de Colombo. Su habla era simplemente diferente. Tal vez eran más ruidosos aunque no lo parecía ya que los adolescentes del pueblo que estaban mirando y los adolescentes citadinos de Colombo tenían algunas similitudes. Las diferencias entre ellos eran asombrosas: el vestido, la comida, el tipo de conversación, el habla…lo que yo estaba observando era un cambio cultural debido a la urbanización.

Actualmente, en el Norte de Londres, yo trabajo con refugiados y con personas que buscan asilo de todas partes del mundo. Tenemos personas que han acudido a nosotros de países como Etiopía, Kosovo, Vietnam, China, Iraq, Iran, Congo, Rwanda y la lista sigue y sigue. Normalmente nos reunimos con estas personas cuando ellos vienen al Reino Unido por primera vez y siempre me divierte lo rápido que ellos absorben la cultura londinense: la apariencia, el vestido, la conversación, los teléfonos inteligentes y toda la parafernalia de la urbainzación se les mete en las venas. Un joven me dijo que, antes de que lo botaran de su país y viniera al Reino Unido a salvar su vida, él había sido un pastor de ovejas en toda su vida y que ésa era la única cosa que él conocía. Ahora me hacía preguntas tales como: ¿Cómo uso ésta computadora? ¿Dónde puedo comprar un celular? ¿Cómo hablo y cómo me veo ahora? La ciudad nos moldea y nos hace y ciertamente nos reta y cambia nuestras antiguas acciones y perspectivas culturales.

La ciudad nos cambia porque muy a menudo existen personas

diferentes con ideas diferentes y con culturas diferentes que se mezclan la una de la otra. En Londres se hablan cientos de idiomas distinitos, se come comida de todo el mundo, su entretenimiento es multi-étnico, cada religión y filosofía inimaginable es representada en la capital de mi país. Tú realmente deberías ser un completo ermitaño y no ser afectado en lo absoluto con la variedad, el ruido y el estruendo de la ciudad. Algunas personas podría odiar eso. ¡A mí me encanta! Me gusta ser retado por el pensamiento de otros por el simple hecho de que ellos están fuera de mi mente encajonada. Sus experiencias son diferentes, su comida es diferente. ¡Yo quiero ser impactado con eso! Yo no quiero vivir en una caja. Quiero entender cuáles son las cosas que hacen que la gente se alegre o se irrite, porque ellos piensan de lamanera en que lo hacen y quiero revisar constantemente si mi premisa de valores es correcta y verdadera. Quiero estar parado en terreno sólido. Yo estoy seguro de que sí lo estoy haciendo y por esa razón a mí no me da miedo la ciudad.

El hecho es, como deberías verlo en las estadísticas, que la urbanización es una gran realidad en nuestro mundo. Por todo el mundo muchos y muchos de nosotros vivimos en grandes ciudades. Necesitamos entenderlos, necesitamos conocerlos y necesitamos un sistema de valores que nos permita estar seguros y confiados. La realidad es que la urbanización esta cambiando todo incluso lo que pensábamos que era nuestra cultura. Por supuesto, claro está, si nosotros alguna vez llegamos a pensar en eso.

Siempre me ha divertido como los Cristianos tienden a enfatizar al país. ¿Cúan a menudo ves fotos de corderos saluiendo en panfletos y calendarios Cristianos o mostrar supuestamente escenas ilídicas como flores, campos, cuervos volando y cosas por el estilo?

¿Cuándo viste en sus panfletos una foto de una ciudad y el caos urbano? ¡Creo que es muy raro si algún Cristiano lo hace! Me parece a mi que los Cristianos ven las ciudades como algo del demonio. Y sí estoy seguro de que existe algo demoníaco en ellas y pienso que las villas y los puebslo también. Sin embargo, al leer mi Biblia, me da la impresión de que a Dios le encantan las ciudades. Se hace más mención a ellas que lo que muchas personas opinan. De hecho, me parece que Dios nos promete, eso está en mi Biblia, una ciudad no un pueblo o una villa ruinosa.

Las ciudades pueden ser un lugar de seguridad y reguardo y ciertamente ellas pueden ser un lugar en dónde el cambio y la innovación sean estelares. Sí, ellas desarrollan su propia cultura y eso no es necesariamente malo. Hay lugares de gran comercio e intercambio en cuanto a bienes y servicios y en términos de ideas y progreso. Así que ¡Viva la ciudad! Diría yo y viviré con la presión de ésta cultura en la que estoy inmerso. ¿Y tú?

CAPÍTULO 9
LA IMPORTANCIA DE UNA META-NARRATIVA

¿Qué es una meta-narrativa? Muchos de ustedes que están leyendo esto no lo sabrán incluso si muchos de ustedes lleguen a tener una. En términos simples: una meta-narrativa es el gran cuadro, el gran panorama. Nuestra meta-narrativa es muy poderosa dentro de nuestro entendimiento de una perspectiva cultural porque colorerará todo lo que nosotros pensamos y somos.

Muchas culturas, incluso en nuestra era Post-Moderna (Más tarde hablaremos sobre el tema) usan una meta-narrativa para entender quiénes son y en dónde están en el mundo en que ellos vivien. Hacemos eso para darnos una posición a nosotros mismos, para entender el dónde ir y el porqué.

Si tú eres Comunista, Musulmán, Cristiano o Hindú tú tendrás una meta-narrativa. Esto significa que tu tienes un punto de vista global. Ese punto de vista global, o el gran panorama, te ayudará a navegar el mundo y impactará, a gran escala, tus puntos de vista culturales. Tu punto de vista global tendrá un comienzo (de alguna manera, en algún lugar fue dónde comenzó) y tendrá un final (dónde vamos o terminamos, el propósito final de todo) Interpretarás el mundo alrededor de ti de acuerdo a tu propio punto de vista global. Te ayudará a darle sentido al mundo en que vives.

Así que para muchos de nosotros una meta narrativa es importante. La usamos incluso aunque no sabíamos en dónde estábamos. Habrá, por supuesto, un choque a aquellos que viven "en el nuevo mundo" que no tienen un punto de vista "meta-narrativo". Aquellos que tienen un punto de vista post-moderno no usarán el mismo tipo de lógica para llegar a una conclusión como a aquellos que tienen una meta narrativa.

A menudo me divierte ver cuando las personas hablan lidiar con las cosas de la vida sin prejuicio como si ellos nunca lo hubiesen hecho, como si tuviesen carta blanca en el asunto. ¡Cómo si pudiéramos! ¿Cómo podemos hacerlo? ¿Cómo podemos salirnos de nosotros mismos?

Incluso cuando no estamos conscientes de esa meta-narrativa nosotros aún estamos trabajando dentro de sus confines. Eso no quiere decir que no podemos revisar o tal vez ajustar nuestro propio punto de vista y sistema de valores cuando nos topamos con aquellos que tienen un punto de vista totalmente diferente.

¿Y qué hay de aquellos que no tienen un punto de vista meta-narrativo? ¿A qué me refiero con eso? Bueno, en el Occidente vemos de manera sorprendente a muchas personas que tienen un punto de vista Post-moderno (Y crece más y más) el cuál trabaja de una forma distinta al tradicional y está impactando las culturas mundiales.

Así que ¿Cómo funciona o trabaja un punto de vista Post-Moderno el cual se opone al punto de vista meta-narrativo?

Actualmente en nuestro mundo, tenemos jóvenes a los cuales yo llamaría "jóvenes con un punto de vista Post-Moderno" Muchos de ellos que tienen una meta-narrativa simplemente lo tienen como una etiqueta que muy a menudo ni ellos mismo reconocerían. Como muchos de aquellos que tienen un punto de vista meta-narrativo el cual sinceramente ven como un estilo de vida y no como algo en que sedeba pensar seriamente. Así que déjame tratar y definir lo que yo pienso que debe ser un punto de vista post-moderno global.

Este punto de vista global en particular no está interesado en los comienzos ni en los finales. No está enfocado en una historia ni ve el futuro sino que está interesado en el presente, en el ahora. Su enfoque sería el siguiente: lo que está pasando ahora ¿Es bueno o es malo? La experiencia del momento es muy importante. Este estilo e vida le permite a las personas tener puntos de vista los cuales, al aplicar una lógica modernista en ellos, no tienen una base sólida en lo absoluto. ¡Son totalmente opuestos el uno al otro! La lógica moderna y el Post-Modernismo no concuerdan en nada pero como para los últimos el presente es importante ya nada importa. La discusión de si algo está bien o está mal se vuelve en algo completamente irrelevante porque depende del ahora y de cómo te sientes en el momento presente.

Para los post-modernistas los sistemas de valores están en una escala que de desliza a voluntad así que lo que es bueno hoy puede ser malo mañana dependiendo de lo que ocurra en el momento. Lo que pensaste que era bueno ayer es malo mañana porque la situación ha cambiado.

No todo es negativo en este punto de vista. El post-modernista está muy interesado en las cosas espirituales pero lo negativo de esto es que es una espiritualidad de escoger, tirar y volver a escoger. Se asemeja más a una tienda en dónde compras la espiritualidad que te gusta y si no te agrada la tiras y vuelves a buscar otra. El post modernista ama las historias pero no está interesado en unir las historias para llegar a una gran conclusión o panorama así que las historias se vuelven interesantes por un momento pero son como perlas separadas de un collar las cuales vagan sin rumbo fijo.

Muy a menudo, el post-modernista tiene un interés por la justicia pero de nuevo este interés es fragmentado ya que choca con el área de la experiencia y el enfoque es cambiado por la experiencia nueva del otro día.

Probablemente creo que necesitamos preguntarnos cuáles fueron las presiones que crearon esta nueva generación post-moderna, la generación que algunos periodistas llaman "X".

Nuestro mundo ha pasado por una serie de cambios acelerados los últimos 50 años, ha habido más cambio en este período que en ningún otro en la historia mundial: innovaciones masivas a través de la tecnología: computadoras, faxes, celulares, satélites, televisión digital, cohetes…por nombrar unos cuantos.

Junto a esa cambio masivo has surgido otras cosas como la pérdida de absolutos. Los post-modernistas no pueden entender o creer en la verdad absoluta porque para ellos no existe.

Si no hay absolutos entonces no existe una base moral y si no hay bse moral entonces tenemos que tener situaciones éticas: lo que pasa en el momento es lo que define la agenda en cuánto a lo moral y no moral.

Mientras veo que hay una avivamiento en cuanto al interés espiritual, al menos eso es lo que veo en el Reino Unido, ha habido sin embargo una gran pérdida en la misma: es una espiritualidad que no tiene una meta-narrativa ni un gran panorama. Recientemente veo la decepción de los post-modernistas en la ciencia y esto se debe, en parte, a cosas como el caso de la enfermedad de las vacas locas y la reciente debacle de la talidomida.

Todas estas cosas causan una pérdida en las tradiciones. Hay muchas tradiciones que quisiéramos perder pero cuando perdemos muchas de ellas entonces rápidamente nos desestabiliza y nos crea una neurosis en nuestra cultura y todas estas cosas han contribuido a crear, y lo creo así, la sociedad post-moderna.

El fuerte del post-modernismo tiene que ver con el experimentar. El post-modernista no teme experimentar y eso es un punto positivo. Es una sociedad creativa que piensa en colores e imágenes pero a ésa creatividad le falta el toque de moralidad que nos lleve a experimentar acertadamente. Esto da como resultado una sociedad emocionante pero peligrosa en cuanto a la convivencia. Si nuestra cultura va a cambiar para mejor entonces es mejor que entendamos la perspectiva histórica que nos dice el cómo llegamos aquí y a dónde deberíamos ir.

Si no consideramos esto, entonces nos estaremos encaminando a un desastre cultural no sólo local sino mundial ya que su valor intrínseco también se perdería completamente.

CAPÍTULO 10
NUESTRAS PRESUPOSICIONES

He dicho esto antes pero lo diré de nuevo. Es asomobroso para mí el hecho de que la gente a menudo piense que están siendo objetivos sin creer que ellos tienen su propia meta-narrativa y negando con vehemencia que sus preposiciones persuaden y definien los resultados mucho antes de que éstos salgan a la luz.

Todos nosotros tenemos presuposiciones y aún no estamos conscientes de eso muchas veces. El hecho es que nosotros usamos nuestras presuposiciones todo el tiempo, analizando el mundo alrededor de nosotros.

Muchas veces llegamos a conclusiones, eso creemos, basadas mayoritariamente en hechos. El problema es que muchos de nosotros no somos totalmente objetivos como muchas veces decimos.

Nuestras presuposiciones colorean todo. Observamos los hechos y luego llegamos a una conclusión basada en nuestras presuposiciones. Deberíamos estar conscientes de que con un basamento cultural propio, diferentes presuposiciones, y una meta-narrativa distinta nosotros, cuando analizamos los hechos, fácilmente terminamos por llegar a conclusiones completamente diferentes.

En el curso que adjuntamos con este libro tratamos de enseñar este tópico con ejercicios divertidos como GODISNOWHERE: GOD IS NOWHERE (En español: Dios no está en inguna parte). Ahora, por supuesto, esto no es científico o objetivo pero yo pienso que ilustra un punto importante. Si nuestra presuposición nos dice que Diso no existe entonces muy probablemente leamos en esta oración que Dios no está en ningún lado pero si nuestra presuposición nos dice que sí hay un Dios entonces leeríamos la oración de forma distinta y diríamos que Dios está aquí ahora (GODISNOWHERE: GOD IS NOW HERE. En español: Dios está aquí ahora) Por supuesto esto no prueba nada excepto que nosotros veamos las cosas de forma distinta y por lo tanto llegar a una conclusión diferente.

Es muy fácil decir que nuestras conclusiones son producto de nuestras presuposiciones. Sin embargo, sería bueno si nos preguntáramos a nosotros mismos el porqué de nuestras preguntas y conclusiones. Ahora, si tu estás con dos personas con antecedentes culturales completamente diferentes entonces ¿Cuán distintas serán las respuestas de cada persona al estar e la misma situación? Reconozcamos que hay personas que llegan a conclusiones distintas aún si están involucrados en una misma situación y en un mismo ambiente.

En cuanto a nuestras presuposiciones necesitamos comenzar a examinar las cosas que no sabíamos que estaban allí: nuestras perepciones. Necesitamos cuestionar nuestras presuposiciones, cuáles tenemos, de dónde vienen y cómo la familia, la cultura, educación e historia personal han programado esas presuposiciones a nuestra persona.

¿Estoy diciendo con esto que nunca podemos llegar a ser objetivos? Bueno, yo ya he dicho que eso es demasiado difícil. Sin embargo, si comenzamos a examinar nuestras presuposiciones, las cuales ni siquiera pensamos o analizamos, entonces podríamos estar en nuestro camino de llegar a mejores conclusiones mientras avanzamos en la vida. También necesitamos reconocer que algunas de nuestras presuposiciones pueden llegar a ser certeras y correctas. Y deberíamos estar dispuestos a entender y aceptar que nuestras presuposiciones pueden llegar a ser erradas y por lo tanto ser desechadas de inmediato.

Algunas personas nunca examinan sus presuposiciones. Para mi, venir de una universidad dónde tuve que mezclarme con diferentes nacionalidades hizo que comenzara a examinarme mis propias presuposiciones. En algunas ocasiones fue una experiencia dolorosa ientras me forzaba a preguntarme el porqué creía en ciertas cosas y de dónde venían esas cosas en las cuáles yo creía. Por supuesto, muy a menudo esas cosas venían de la familia, otras cosas se adquirían de forma cultural, algunas veces se adquirían del colegio y del grupo de amigos con los que pasaba el tiempo. Sentí que esto era como pelar una cebolla preguntándome de dónde venía todo esto que pensaba y cuestionarme si era correcto todo lo que yo creía y pensaba. Me dí cuenta que yo los estaba situando en un lado simplemente porque no pensaban de la misma manera en que yo lo hacía y no ponían interés en las cosas que yo pensaba o decía. En otras ocasiones yo era capaz de decir "eso está muy bien…déjame pensarlo"

Naturalmente, a medida que crecía en una época en dónde las meta-narrativas eran muy concretas, yo no tenía que lidiar con un punto de vista post-moderno como lo tenemos ahora.

La meta-narrativa que yo tenía no me daba opción para pensar de froma distinta o de tener puntos de vista distintos como yo particularmente encuentro enlas personas, particularmente en jóvenes en estos días.

Asi que ¿Cuál es mi súplica en este capítulo? Bueno, que pensemos y examuinemos nuestras presuposiciones, que nos preguntemos de dónde vienen, preguntarnos si hay una meta-narrativa que nos dé una conclusión certera y si tiene sentido en este mundo. Están aquellos que piensan que el mundo es tan sólo un accidente, que no tiene ningún diseño, ni un propósito, ni un futuro y mucho menos un Dios. Es tan sólo un accidente del ahora. Si aceptas ese punto de vista de la vida, eso producirá en ti, un punto de vista post-moderno global. Bueno, yo no creo eso y no quiero vivir de esa manera.

Quiero un punto de vista que tenga un sistema de valores estable, un propósito para el cuál vine y por el cual vivir, una vida con un futuro. Podrías decir que ese es producto de tus presuposiciones las cuáles son el resultado de tu educación. Bueno ¡Que así sea!

CAPÍTULO 11
EL CHOQUE DE CULTURAS

Una de las principales razones por la cual escribí este libro fue gracias a mis observaciones en lo que concierne al choque de culturas. El trabajar, como lo hago ahora, en el área de consejería y adopción me ha hecho ser mas atento y consciente de cómo nuestras presuposiciones y meta-narrativas colorean nuestras expectativas. También he notado que cuando nuestras expectativas, no importa que tan irracionales sean, nos decepcionan muy a menudo nos transforman en personas enojadas y amargadas con una profunda decepción.

En el capítulo 2 hablé sobre como una joven que estaba en uno de mis programas de entrenamiento, luego de escuchar mi ponencia, le decía al grupo que seguiría trabajando con este joven de Ghana el cual ella había decidido no seguir hablando más. ¿La razón por la cuál ella se rindió? Bueno, cuando ella hablaba con él, él simplemente no la miraba.

Su cultura le sugería a ela que él estaba siendo rudo y desconsiderado y para el joven africano era completamente lo opuesto: él estaba siendo considerado con ella ya que en su cultura no podías mirar a una persona mayor directamente a los ojos.

Estoy sorprendido muchas veces de cuán rudos podemos ser cuando no entendemos la cultura de la otra persona. Usualmente nuestro enfoque está basado en la ignorancia. Cuán a menudo oímos a las personas insultarse unas a otras por gustos en la comida como si su tipo de comida fuese la única en el mundo para comer.

Expresiones culturales como la ropa son otra fuente de conflictos y choques. El trabajar, como lo hago actualmente, con iglesias en muchos países me ha hecho ver con sorpresa como se discute este tema de la ropa cuando yo estoy en países no occidentales. Encuentro que muy a menudo hy conflicto e intolerancia en esta área y definitivamente es una receta para el conflicto.

Otro inmenso choque cultural se suscita entre grupos de distintas edades mientras ellos deciden qué es aceptable o no culturalmente. De nuevo, hablando de mi propia experiencia como agente de adopción, encuentro que muchos que trabajan comnigo tienen una expectativa de los jóvenes basada en su propia educación y normas culturales las cuales chocan con las personas a las que ellos están cuidando. Hay, y a menudo es así, una suposición parcial que no fue pensada cuidadosamente de que nuestra cultura es la cultura correcta y que nuestras conclusiones siempre son certeras. Muy a menudo muchos de nosotros no estamos dispuestos a entender de que la forma de ver la vida de ciertas personas no necesariamente está mal sino simplemente es un enfoque distinot al nuestro. Este problema se suscita más con grupos de distintas edades con expectativas muy diferentes.

No me apego al punto de vista que muchas veces pareciera ser exaltado y aclamado en documentales de TV y otros medios sociales y es el de la rectitus política y la normalidad en la sociedad. Esto viene de mi cultura y explica simplemente el hecho de que si todos lo hacen de esta froma entonces eso es lo normal y eso es lo correcto. Pienso que es una idea totalmente errada, sin sentido, pero para enfrentarla necesitamos algo más en dónde podamos poner nuestra confianza, o para decirlo de otra manera: examinar nuestra cultura con otra.

Así que ¿En dónde podemos examinar nuestra cultura? Creo que necesitamos obtenerla de nuestro sistema de valores pero eso nos lleva a otra pregunta: ¿Quién dictamina ese sistema de valores? ¿Debe éste sistema gobernar la cultura globalmente aceptada, estar sobre la ética humana, la opinión de un amigo o qué? Como Cristiano y seguidor de Jesucristo mi sistema de valores está alinerado a lo que Él piensa y espera de mi para trabajar así en las normas que Él espera que yo adopte y viva en esta tierra. Alguien me edijo una vez de quwe no existe tal cosa como "Cultura Cristiana" y en cierto modo entiendo la razón detrás de tal declaración. Sin embargo, es muy cierto que un sistema básico de valores afectará en gran manera la perspectiva global que tenemos del mundo. También será posible observar esta cultura, buscar cuáles son los principios por los cuales se rige esta cultura, cuál es su sistema de valores y cómo influenció en su establecimiento. ¿Existen acaso valores como la justicia, rectitud, paz? ¿Le dan suficiente valor a la humanidad y su dignidad o acaso pone a los seres humanos como inferiores a otros? Esto debe ser algo que nosotros realmente deberíamos pensar y observar en una escala mayor.

Así que si nosotros queremos evitar choques culturales necesitamos comenzar a estudiar y analizar nuestra propia educación y entendimiento.

Esto no puede, por supuesto, evitar el choque por completo porque aún si entendemos la cultura de la otra persona y viceversa podemos no estar de acuerdo con algunas cosas. Un ejemplo para mí podría ser la siguiente historia:

Yo había invitado a un pastor local de Canadá a que tomara un café conmigo. Esto ocurrió en Londres y él me dijo que estaba pastoreando una iglesia local de Kurdos. El me explicaba que le resultaba muy difícil el entender y lidiar con algunos asuntos pastorales.

-¿Cómo cuáles?- pregunté

-Bueno- decía él —es un problema cultural. Los hombres están golpeando sin cesar a sus esposas porque están en un país en dónde no tienen el control que tendrían en su tierra natal-

-No entiendo mucho ese aspecto de que los hombres Kurdos golpeen "mucho" a sus esposas- respondí yo -¿Estás diciéndome que aceptas el hecho de que los Kurdos golpeen de vez en cuando a sus esposas?-

-Bueno, por supuesto- respondió el Canadiense –Eso es parte de su cultura pero cuando ellos las golpean mucho pueden terminar matándolas-

-Bueno. Yo personalmente no puedo aceptar el hecho de golpear a una mujer de ninguna manera- respondí al momento

Él se incomodó bastante conmigo y me dijo que no tenía ningún entendimiento cultural y se fue de allí ¡Sin siquiera terminar su café!

Aún tengo el mismo problema y no creo que haya podio evitar ese choque cultural de aquel día. Mi sistema de valores me lleva a oponerme fuertemente a tal pensamiento ¡Sea que venga de una cultura o no!

CAPÍTULO 12
GRUPOS CULTURALES

Cuando pensamos en culturas podemos quedarnos estancados en la descendencia, área local, culto nacional y pensar que en ésos términos estamos definiendo lo que es cultura pero obviamente estaríamos pensando en forma muy limitada. Nos estamos haciendo conscientes de la forma en la cual nuestras vidas son afectadas por la cultura de grupos o tribus culturales. Incluso usamos la frase "miembro del grupo" para denotar a alguien que no solamente es leal sino que también entiende las reglas y condiciones del grupo sean escritas o orales aunque las reglas que no se escriben parecen ser las más poderosas.

Yo creo que en el Reino Unido ha existido un intento de cambiar las culturas como El Servicio de Salud Nacional y la oficina de correos Royal Mail. No pretendo decirles que conozco a fondo estas culturas pero estoy seguro que el inyectar dinero en un proyecto no siempre cambia las cosas ya que no solo se esta lidiando con cuotas y targets específicos sino que se está lidiando con una cultura de trabajo la cual tiene una expectativa definida. "La Cultura" es a menudo la parte más difícil de cambiar en cualquier negocio u organización.

Entonces no debiéramos olvidar que en muchos países existen personas que están involucradas en lo que yo llamo "sub-culturas". Probablemente éste no sea el término correcto porque en realidad ellos están "en su propia cultura". Asi que, por ejemplo, tenemos dos culturas entre la comunidad de ciegos y la comunidad de sordos. Como he dicho antes, he trabajado por años en el área de adopción y cuidados de niños. Lo que muchas veces me sorprende es como, entre los niños que tratamos, existe una cultura. Muy a menudo, en un área determinada los niños huérfanos se reconocen el uno al otro, se conocen y hasta dialogan aunque no debiera sorprendernos el hecho de que ellos conozcan y hagan nuevos amigos cuando precisamente hacemos eventos como éstos.

Esto tiene ciertas implicaciones tanto útiles como difíciles. Muy a menudo los niños conocen el sistema mucho mejor que sus padres adoptivos. Ellos tienen una perspectiva cultural de cómo las cosas funcionan o dejan de funcionar y algunas de esas perspectivas son inocrrectas o, desde mi punto de vista, culturalmente equivocadas. Su perspectiva cultural puede enviarnos información errada y esa información es recolectada por otros como agencias gubernamentales, profesores, la policía y ellos actúan en sus preconcepciones las cuales también son erradas. Alguna de las preconcepciones que las personas tienen podrñian ser las siguientes: "todos los niños adoptivos están en una agencia adoptiva porque son niños difíciles". Eso es errado ya que la situación en la cual el niño está involucrado es más compleja y probablemente se deba más a una situación parental: ¡Quizás la madre está enferma y el padre debe seguir trabajando!

Las estadísticas nos muestran que los niños en adopción generalmente dejan el colegio sin ninguna calificación pero me preguntó si la razón por la cual se salieron no fue precisamente porque les faltaba inteligencia para las tareas y actividades. En lugar de eso, pienso que es más bien nuestra etiqueta de las cosas la cual en vez de ayudar a esos niños los bloqueamos con nuestras propias presunciones. Es como si tu esperas que todo salga mal ¡Y sale mal!

Nuestras perspectivas sí cuentan. Como dice el dicho: "Dos hombres observaron el panorama desde los barrotes de la prisión:

uno vio lodo y otro vio las estrellas" ¿Cuál punto de vista preferirías ver? Creo que ver lodo todo el tiempo debe ser deprimente y ver estrellas algo inspirador. Un simple cambio en la perspectiva, ángulo de visión puede hacer toda la diferencia.

En algunas maneras se nos puede hacer entender cuán difícil (difícil, no imposible) es cambiar la cultura cuando la observamos desde una escala muy pequeña: la oficina, el colegio, la universidad, la compañía en donde laboramos. ¿Cómo llegó esa cultura específica? ¿Cuándo comenzó? ¿De quién o de dónde vinieron esas ideas: tanto malas como buenas? ¿Cómo podemos cambiar las malas? ¿Qué palancas necesitamos empujar y halar? ¿Qué botones deberíamos pulsar?

En conclusión, espero que este libro te haya ayudado a pensar. Piensa en tu cultura, piensa en dónde se originó, el porqué estás aquí y lo que eres. Es bueno o…..no tan bueno. ¿Hay cosas allí deberían ser cambiadas? ¿Cómo puedo cambiarlas? ¿Cuál es mi sistema de valores? ¿De dónde vino ese sistema de valores? ¿Cómo es mi manera de pensar' ¿Qué alimenta mi pensamiento? ¿Hay maneras en que pueda cambiar eso y poder comenzar en algún lado? Si es así, entonces ¿Qué deberías usar para cambiar mi pensamiento. Mi pensamiento es que la Biblia es correcta (Y creo que es así) entonces son nuestros pensamientos los que nos moldean (Como pensamos en nuestros corazones así somos) Proverbios 23:7 porque nuestro pensamiento es lo que genera la forma en la manera en que actuamos.

Así que…¡Feliz pensamiento y cambiemos nuestras culturas para mejor!

REFERENCIAS

I.   Referencias Bíblicas

II.   El Grupo de arte PEPA de la Iglesia Rainbow en el Norte de Londres

III.   Christian Overman "Las cosas que moldean nuestro pensamiento"

IV.   La Pirámide de Necesidades Básicas de Maslow

V.   Dr. Patrick Nixon M.D/leighbureau.com

VI.   Finantial Times. Lunes 31 de octubre del 2005

VII.   Registros históricos. Antes de 1918 sólo los hombres podían votar. Las mujeres que tenían 30 años de edad o más podían votar en 1918- el mismo año en que las mujeres podían ser capaces de entrar en el mundo político y legislativo- pero no fue hasta 1928 que la edad reglamentaria para que las mujeres pudieran votar bajo a los 21 años (el mismo año en que se bajó la edad reglamentaria para los hombres también)

VIII.   1971. Las mujeres suizas obtienen el derecho de votar. Fuente de la BBC. Aunque las mujeres suizas ahora pueden votar en elecciones regionales y nacionales ellas aún contunúan experimentando discriminación bajo la ley Suiza. En el hogar, los hombres aún controlan a sus esposas y controlan su propiedad y capital y el esposo tiene el derecho de decidir donde su esposa y él vivirán.

IX.   En 1870 en el Reino Unido y en Europa se le permitió a las mujeres el guardar el dinero que habían ganado para su uso personal. Fuente: History learning.

ARCHIVO DE NOTAS DEL ENTRENADOR

DIPLOMADO EN CULTURA DE BARNABAS TRAINING

Barnabas Training International
Inglaterra, Reino Unido

CURSO DE ENTRENAMIENTO EN EL ÁMBITO DE LA CULTURA
ESTE CURSO TENDRÁ UNA DURACIÓN MÍNIMA DE 35 HORAS
MÁS 25 HORAS DE ASIGNACIONES Y ESTUDIO EN EL HOGAR

BARNABAS TRAINING INTERNACIONAL

ÍNDICE PARA EL CURSO DE CULTURA

1	¿QUÉ ES CULTURA?	67
2	DEFINICIONES	70
3	LOS PILARES BASE DE UNA CULTURA	71
4	¿POR QUÉ ES IMPORTANTE EL SABER SOBRE CULTURA?	77
5	MANERA EN QUE SE FORMAN LAS CULTURAS	83
6	DEFINIENDO UNA CULTURA	86
7	LENGUAJE Y CULTURA	88
8	CULTURA Y EL FACTOR CAMBIO	91
9	EL CAMBIO CULTURAL EN NUESTRO MUNDO	93
10	LA CULTURA Y EL ROL DE LA MUJER	96

11 COMO LA URBANIZACIÓN CAMBIA UNA   98
    CULTURA

12 LA IMPORTANCIA DE UNA META-NARRATIVA   100

13 ¡NUESTRAS PRESUPOSICIONES!   102

14 CAMBIOS OBSERVABLES QUE EN LA   104
    ACTUALIDAD EJERCEN PRESIÓN SOBRE
    NUESTRA CULTURA Y COMO LA CAMBIA

15 SUBCULTURAS Y CULTURAS ESPECIALES   106

16 LA CULTURA DOMINANTE O QUE DOMINA   109

17 ¿CUÁLES SON LAS PRESIONES Y BENEFICIOS   111
    DE UNA CULTURA EN LA FAMILIA

18 CLASE ESPECIAL DE LA ORGANIZACIÓN   113
    "THROUGH THE ROOF" QUE LABORAN CON
    PERSONAS DISCAPACITADAS Y SU CULTURA
    ÚNICA

19 EL CHOQUE DE CULTURAS   114

20 FINAL DEL CURSO/RESUMEN/   115
    PRESENTACIÓN DE CERTIFICADOS

CURSO DE ENTRENAMIENTO EN EL ÁMBITO DE LA CULTURA
ESTE CURSO TENDRÁ UNA DURACIÓN MÍNIMA DE 35 HORAS
MÁS 25 HORAS DE ASIGNACIONES Y ESTUDIO EN EL HOGAR

El Propósito del Curso

El propósito del curso no es descubrir lo que está bien o está mal en una cultura sino el entendernos a nosotros mismos primeramente. ¿Qué expectativas hemos tomado como resultado de nuestra cultura? ¿Realmente pensamos en nuestra cultura y lo que significa? Si vivimos en una cultura monocultural en dónde todas las personas son como nosotros entonces probablemente ni siquiera pensemosen el asunto. No esta mal el decir, por ejemplo, las similitudes que existen entre las personas que viven en el norte de Inglaterra y las que viven en el Sur pero llegar a esa conclusión sería llegar a una decalración simplística. Necesitamos una mejor respuesta que esa. Si estamos usando este curso como consejería entonces este curso será de extrema importancia para ti. Las culturas de las personas los hacen llegar a diferentes conclusiones del mismo set de perspectivas. Sin embargo, debemos tener cuidado a medida que vayamos avanzando en el curso el no volvernos complacientes e términos de aceptar las normas culturales como normales y que son las correctas simplemente porque son culturalmente aceptadas. Por ejemplo, tan sólo porque es culturalmente aceptable para el hombre el golpear a su esposa en una determinada cultura ¿Quiere decir eso que está bien el hacerlo y que debamos seguir la cultura? Despues de todo es su cultura y no debiéramos interferir con eso ¿no?

Lo que se espera del curso:

Al final de este curso el estudiante deberá entender lo siguiente.

- De dónde proviene la Cultura
- El cómo se forma una Cultura
- El cómo cambia una cultura
- El estar consciente de otras culturas
- El estar dispuesto a ver las cosas desde otra perspectiva al entender las preconcepciones de otra persona

Esto debiera hacernos caer en cuenta de cómo nuestras:

- Ideas
- Pensamiento
- Presuposiciones

Afectan TODAS nuestras conclusiones.

Este curso está hecho y será asesorado para el entendimiento del estudiante a través de:

- Ensayos
- Reportes de ciertos filmes que serán asignados
- Reportes de libros que el estudiante deberá leer
- Por un reporte analítico en un set de tópicos dentro del curso

INFORMACIÓN EXTRA PRELIMINAR:

1. Hay una cantidad de presentaciones PowerPoint que serán usadas durante el trayecto de este curso. Obviamente el entrenador puede mezclar o añadir material propio a la presentación. Hemos incluido una presentación PowerPoint No 11 la cual cubre más o menos toda la esencia del curso. Esto podría ser usado como revisión o no dependiendo del enfoque del entrenador.

2. Hemos obtenido el derecho de usar el DVD de las publicidades bancarias del HSBC para usarlo como herramienta de estudio en este curso. Como algunos de ustedes saben el banco inglés HSBC enfatiza la diferencia cultural en el hecho de que es "El Banco Local Mundial" Sería bueno si se usa este grandioso material como introducción al curso. Estamos muy agradecidos al banco por permitirnos usar su material.

3. Hemos invitado a los estudianes y entrenadores a usar tanto los filmes como los libros que se proveerán para mejor entendimiento del curso y le recomendamos a los entrenadores a animar a los estudiantes a buscar ambas fuentes para sus ensayos y asignaciones escritas.

4. De vez en cuando añadiremos libros y filmes al curso a medida que vamos revisando el material. Por favor, de su opinión y sugerencia a los materiales que usted cree serían relevantes en este curso.

1. ¿QUÉ ES CULTURA?

- Para esta primera parte del curso el entrenador necesita impartir esta leción en una hora completa. La lección debería tomar en cuenta el hecho de que muchas personas en la actualidad no piensan en el tema de la cultura particularmente si viven en un área en dónde las personas alrededor de ellos se parecen mucho a ellos mismos. Esto no será cierto si la persona vive en una gran conubarción en dónde están rodeados por comunidades multi-étnicas y multi-religiosas. En ése ambiente las persona si están consciente de los cambio culturales pero aún así el entrenador debe sumergirse en aguas profundas con este tema en cuanto a las presiones y moldeadores que hacen a una cultura y cómo la afecta. Así como el material que se le ofrece al entrenador sería bueno si se pone a pensar al estudiante en cuanto al tema y ayudar al grupo a enfocarse en las preguntas ¿Cómo? ¿Qué? Y ¿Dónde?

- ¿Qué es Cultura?
- ¿De dónde viene?
- ¿Qué la hace?

Es el efecto de la familia y las presiones a través de la:

- Política/Religión
- Educación
- Arte/Medios de Comunicación
- Economía

¿Cuáles son las cosas que nos hace identificar más fácilmente una diferencia cultural?

Las diferencias entre una cultura y otra son obvias. Cosas como:

- Comida
- Los saludos
- La vestimenta
- El idioma

Los cuatro pilares de la cultura son aquellos en los que descansa o se fundamenta una cultura.

- Negocios/Economía
- Educación/Familia
- Medios de comunicación/Entretenimiento/Publicidad
- Política/Gobierno/Religión

La cultura no es estática

- Está en constante cambio aunque algunas veces no nos percatemos de este hecho
- La cultura se está volviendo cada vez más genérica y nosotros estamos, en un basamento mundial y global, sujetos a las presiones de la cultura local o lo que se denomina como "el efecto invernadero cultural"
- Tan sólo visita a tu amigo extranjero en tu comunidad para que experimentes y veas un cambio cultural.

El influenciador cultural más poderoso

- Es probablemente las películas o filmes
- Y como muchos sabemos ellas predominantemente vienen de Hollywood en el Occidente
- …o de Bollywood en el Oriente

Todos nosotros vemos películas o filmes estadounidenses…
Todos nosotros somos culturalmente afectados…

¿Por qué este curso es importante?

- Necesitamos entender quiénes somos nosotros
- Necesitamos entender el porqué nosotros estamos aquí
- Necesitamos un punto de referencia en donde podamos ayudar a otros
- Vivimos en un mundo altamente globalizado y para entender otras culturas, particularmente a la hora de aconsejar a otros, nuestro entendimiento en la parte cultural es muy importante a la hora de enfocar nuestros puntos de referencia.

  - ¿Qué es cultura?
  - ¿De donde viene?
  - ¿Qué la hace?

El entrenador debería al menos dar una hora completa de esta sección

---

La presentación PowerPoint No 1 está disponible para esta sección (1)

Expectativa final:
Al final de la lección el estudiante debería ser capaz de describir lo que significa o se refiere al término cultura.

2. DEFINICIONES

- Una sugerencia para el entrenador es el animar al estudiante a encontrar una lista de palabras que nos ayuden a definir y explicar lo que es cultura. Para hacer esto podría pedirles a los estudiantes a buscar un diccionario y encontrar palabras que describan mejor lo que es cultura, comunidad y lo que une a un grupo de personas. Un cuadro explicativo sería de gran ayuda a la hora de hacer este ejercicio luego de que los estudiantes hayan buscado las palabras. Sería bueno hacer grupos de dos o tres personas en esta sección.

Algunas palabras del diccionario:

- Civilización
- Humanidad
- El mundo
- Las personas
- La población
- La comunidad
- Nadie
- Cada persona

El entrenador debería al menos dar una hora y media de clase en esta sección

---

Expectativa final:
Al final de la lección el estudiante debería ser capaz de definir lo que es cultura desde varios puntos de vista.

3. LOS PILARES BASE DE UNA CULTURA

- El entrenador probablemente se dará cuenta de que una lección directa y concisa será la mejor presentación para para desarrollar mejor la introducción de esta lección. El entrenador debería incluir tambié las razones por las cuales debemos estudiar estos pilares en una cultura, el porqué estudiamos lo que es cultura y el contexto de este curso. ¿Las personas usarán este curso para consejería multi-étnica y multi-cultural ya sea en un colegio o e un programa de educación? Hay una gran variedad de razones por la cual sería ventajoso para los estudiantes el entender este concepto interesante de cultura. Probablemente sería ventajoso a este punto del curso que los estudiantes entiendan este concepto interesante de cultura. Sería también de gran ayuda el hacer una encuesta a los estudiantes y saber el porqué están realizando este curso y qué es lo que esperan obtener de el mismo. Por supuesto, a este punto ellos no serán capaces de expresaro y tan solo sean conscientes de la necesidad de entender. Sin embargo, habran aquellos en este curso que tienen problemas en su trabajo, cualesquieran que sean, por ser retados por otra cultura en cuanto a su forma de ver y hacer las cosas.

INTRODUCCIÓN AL CURSO

Un vistazo a los pilares base de una cultura

- El cómo operan
- Lo que éstos pilares hacen
- El efecto que causan estos pilares

Es el efecto de la familia y las presiones a través de la:

- Política/Religión
- Educación
- Arte/Medios de Comunicación
- Economía

Los cuatro pilares de la cultura son aquellos en los que descansa o se fundamenta una cultura.

- Negocios/Economía
- Educación/Familia
- Medios de comunicación/Entretenimiento/Publicidad
- Política/Gobierno/Religión

La cultura no es estática

- Está en constante cambio aunque algunas veces no nos percatemos de este hecho
- La cultura se está volviendo cada vez más genérica y nosotros estamos, en un basamento mundial y global, sujetos a las presiones de la cultura local o lo que se denomina como "el efecto invernadero cultural"
- Tan sólo visita a tu amigo extranjero en tu comunidad para que experimentes y veas un cambio cultural.

¿Por qué los pilares son tan importantes?

Primero que todo:
Necesitamos entender que los pilares que forman una cultura están a menudo interconectados el uno al otro. Sin embargo, nos ayuda el ver que hay, de una manera u otra, una separación entre ellas porque así nosotros podemos entonces pensar en las implicaciones que ellas traen de forma más efectiva así que aquí vamos:

Negocios/Economía
(Pilar número uno)

- Nosotros a menudo no pensamos en los negocios o en la economía como moldeadores culturales pero lo son y afectan poderosamente a una cultura.
- Si no tienes abrigo y comida eso tendrá un efecto en la forma en cómo piensas y actúas.
- Los agentes publicitarios gastan millones y millones tratando de vendernos cosas que usualmente nos persuaden a cambiar nuestra imagen y expresiones cluturales.

"La industria de la publicidad muy a menudo nos quita el auto estima y nos la vende de vuelta a nosotros al precio del producto" *Gerald Coates*

Educación/Familia
(Pilar número dos)

Éstas dos están interconectadas la una a la otra porque es importante el entender que la educación no se trata simplemente de ir al colegio. La educación se da en todas las áreas de la vida.

La Educación es vida
Durante la transición que le tomo a la nación de Rhodesia para convertirse en Zimbabwe las fuerzas revolucionarias se basaron en los conocidos estados fronterizos (los estados africanos que rodeaban Zimbabwe) desde donde ellos llevaban a cabo sus ataques al país. Los ataques más frecuentes se ejecutaban en escuelas en dónde ellos masacaraban al personal y se robaban a los niños para llevarlos más allá de la frontera para educarlos "apropiadamente" (ese fue su pensamiento revolucionario) ¡La Educación moldea una cultura!

"La Educación es vida" *Dr. Donald Howard. Educador Norteamericano (Estados Unidos)*

Medios de comunicación/Entretenimiento/Publicidad
(Pilar número tres)

- ¿Estamos siendo persuadidos por la publicidad?
- ¿Estamos siendo influenciados por la industria del entretenimiento?
- ¿Estamos conscientes del producto que ponemos en nuestros filmes?
- La industria del entretenimiento gasta grandes cantidades de dinero en:

  Posters
  Anuncios de televisión
  Anuncios en el Periódico
  Vitrinas publicitarias

¿Por qué?

¿No crees tú que en muchas formas los Medio de comunicación, la industria de la publicidad, los periódicos y la televisión nos están moldeando la forma en que pensamos y que estas herramientas publicirtarias son poderosos moldeadores que de hecho conforman el famoso "efecto invernadero cultural"?

Política/Gobierno/Religión
(Pilar número cuatro)

- Lo que pasa en nuestra legislatura nos cambia definitivamente nuestras vidas
- Y si cambia la manera en que vivimos entonces ultimadamente cambia la cultura o la forma en que hacemos las cosas
- Muy a menudo decimos que la política es aburrida y aún así la política entra en cada parte de nuestras vidas

Algunos cuestionan el porqué ponemos estos tres aspectos juntos...

- Desde tiempos inmemoriables el estado ha usado la religión para influenciar y controlar a la sociedad y por lo tanto influenciar una cultura
- Considera, en el Reino Unido por ejemplo, la relación de la Iglesia de Inglaterra y el estado.
- Considera, históricamente, la conversión del emperador romano Constantino
- Considera cómo la religión moldea una cultura

¿Quiénes somos nosotros?

- Una pregunta muy compicada
- Nuestra cultura nos persuade a pensar de cierta manera
- Por supuesto, la cultura está sujeta a cambio.
- Alguna de las maneras y formas de la cual pensamos son más viejas de lo que muchos de nosotros imaginamos.
- Una cultura se hace de la formación de estos cuatro pilares que la sostienen y que por ende la hacen y la forman.

Romanos 12:2

No os conforméis a este siglo (permitir que el mundo te exprima a su molde) sino transformaos por medio de la renovación de vuestro entendimiento, para que comprobéis cuál sea la buena voluntad de Dios, agradable y perfecta.

El entrenador debería al menos dar una hora completa de clase en esta sección

---

Presentación de PowerPoint: Los Pilares de la Cultura (2)

Expectativa final:

Al final de la lección el estudiante debería ser capaz de describir las cosas que moldean y hacen a una cultura y entender como estos niveladores pueden ser usados sabiamente para traer un cambio genuino a un grupo extenso de personas. El estudiante debería tener conciencia de cómo la historia está continuamente cambiando una cultura a través de la legislación, los medios de comunicación, la educación y los negocios.

Notas del Entrenador

4. ¿POR QUÉ ES IMPORTANTE EL SABER SOBRE CULTURA?

- Esta próxima sesión continúa y prosigue de forma natural de la sección anterior. El entrenador necesita mirar más allá del tópico así como el porque es importante el entender otras culturas. Probablemente esto se hará mejor involucrando al grupo completo en un debate conjunto o formando grupos pequeños. Será de gran ayuda al grupo o a los grupos si la discusión y los hallazgos se resumen usando cuadros informativos sobre el tema.

¿POR QUÉ NECESITAMOS OBSERVAR UNA CULTURA? ¿POR QUÉ ES IMPORTANTE?

Discusión en un cuadro informativo

- Nos ayuda a entendernos y lidiar los unos con los otros
- Nos hace analizarnos a nosotros mismos para que así podamos actuar y reaccionar de manera correcta.
- En nuestras sociedad multi-culturales y ciudades multi-étnicas la consejería se hace mucho más necesaria e importante.
- Vivimos en un "efecto invernadero cultural"
- Muchos de nosotros vivimos en grandes ciudades con poblaciones multi-culturales
- Nosotros, si estamos ayudadndo a otros, necesitamos saber de dónde viene la cultura de ciertas personas y cómo ellos sacan sus conclusiones.
- La manera en que muchos llegan a concluir las cosas puede ser distinta a cómo nosotros llegamos a sacar conclusiones. Es muy importante que entendamos esta premisa.

¿Por qué es importante el saber sobre cultura?

- ¿Qué es cultura?
- ¿De donde viene?
- ¿Qué la hace?

Es el efecto de la familia y las presiones a través de la:

- Política/Religión
- Educación
- Arte/Medios de Comunicación
- Economía

Los cuatro pilares de la cultura son aquellos en los que descansa o se fundamenta una cultura.

- Negocios/Economía
- Educación/Familia
- Medios de comunicación/Entretenimiento/Publicidad
- Política/Gobierno/Religión

La cultura no es estática

- Está en constante cambio aunque algunas veces no nos percatemos de este hecho
- La cultura se está volviendo cada vez más genérica y nosotros estamos, en un basamento mundial y global, sujetos a las presiones de la cultura local o lo que se denomina como "el efecto invernadero cultural"
- Tan sólo visita a tu amigo extranjero en tu comunidad para que experimentes y veas un cambio cultural.

El influenciador cultural más poderoso

- Es probablemente las películas o filmes

- Y como muchos sabemos ellas predominantemente vienen de Hollywood en el Occidente
- …o de Bollywood en el Oriente

Todos nosotros vemos películas o filmes estadounidenses…
Todos nosotros somos culturalmente afectados…

Tratemos de observar a algunos de los mayores efectos queen la actualidad afectan una cultura
Esta generación podría llamarse una generación huérfana

Esto está afectando a las familias y por consiguiente afecta a una cultura

- En algunos países se debe al rompimiento de las familias a través del divorcio, infidelidad, pérdida de estabilidad, presión de una comunidad, de un individuo o de una cultura como un todo.
- En algunos países se debe a la guerra y pérdida familiar por la muerte de uno de los progenitores así como la presión de una comunidad, de un individuo o de una cultura como un todo.
- En algunos países se debe al SIDA el cual ocasiona la pérdida de muchos padres así como la presión de una comunidad, de un individuo o de una cultura como un todo..

Muchos, incluyendo los entes gubernamentales, hacen preguntas las cuales son de naturalea cultural

- La pérdida de la estabilidad familiar a nivel mundial: esto tiene grandes implicaciones en nuestra cultura y, desde un punto de vista gubernamental, en los impuestos y en la economía.
- Existen varias causas de pérdida familiar dependiendo en que parte del mundo vives tú.
- El producto final es el mismo: la constante presión sobre una cultura como un todo.
- ¿Cuál es una de las causas más grandes en la disolución de las familias en el Reino Unido y en el mundo?

- ¿Qué efecto ha tenido el rompimiento familiar en la comunidad?
- ¿Cuáles son los grandes cambios que ha traído la presión del cambio familiar en una cultura?

He aquí algunos de los cambios culturales que se ven en el Occidente

Bajo presión
¡La Cultura!
Las perspectivas históricas

¿Qué pasó?

- La Revolución Industrial
- El ritmo de la urbanización
- La última Guerra Mundial
- El rol de la mujer
- La gran rueda del cambio
- Cambio cultural

¿Qué se perdió?

- Pérdida de absolutos
- Pérdida de una base moral
- Pérdida de la espiritualidad
- Pérdida de la fe en la ciencia
- Pérdida de las tradiciones
- Pérdida de la estabilidad

¿Cuáles son las cosas que has notado en términos de cambio en la cultura?

- El rol de la mujer
- La Tecnología
- La Urbanización
- El cambio rápido y constante

La siguiente lista es un rápido análisis de lo que ha pasado en el Reino Unido y el mundo en las últimas seis décadas:
Un rápido vistazo a las últimas décadas:

- Década de los 40: Guerra
- Década de los 50: Expectativa
- Década de los 60: Revolución
- Década de los 70: Desilusión
- Década de los 80: Egoísmo
- Década de los 90: Desesperación
- Década de los 00: ? ? ? ? ? ? ?

El New Musical Express expresó que en los 90 "el suicidio se incrementó de forma alarmante en ésta década"

¿Quiénes somos nosotros?

- Una pregunta muy complicada
- Nuestra cultura nos persuade a pensar de cierta manera
- Por supuesto, la cultura está sujeta a cambio.
- Alguna de las maneras y formas de la cual pensamos son más viejas de lo que muchos de nosotros imaginamos.
- Una cultura se hace de la formación de estos cuatro pilares que la sostienen y que por ende la hacen y la forman.

Conclusión

¿Por qué te estoy diciendo esto?

- Porque si vamos a ser efectivo tú necesitas saber esto
- Porque necesitamos entender
- Porque podemos saber en dónde hay sabiduría
- Así sabemos el orque pensamos de la manera que pensamos
- Así sabemos el porque otros piensan de la manera en que piensan

- Así que es recomendable que entendamos mejor la naturaleza del conflicto
- Para que así, en dónde sea necesario, podamos corregir nuestro pensamiento

El entrenador debería al menos dar una hora completa de clase en esta sección

Presentación de PowerPoint: ¿Por qué es tan importante el conocer y saber sobre cultura? (4)

Expectativa final:
Al final de la lección el estudiante debería ser capaz de entender el porque el estudiar una cultura es importante y ser capaz de decir el porqué tales estudios son importantes para ellos como personas.

5. CÓMO SE FORMAN LAS CULTURAS

- Esta sesión busca lograr que el estudiante vaya un poco más allá en su entendimiento de cómo se forman las culturas y la mejor forma de hacerlo es que el entrenador prepare la lección a través de debates, discusiones interconectadas y mezcladas con la clase a dictar. El entrenador debe lograr que el estudainte entienda los poderes que moldean a una cultura. Bajo el concepto de los pilares el entrenador puede enumerar los pilares bajo el aporte del grupo. Por ejemplo: los medios de comunicación incluyen cosas como posters, periódicos, filmes, televisión, vallas publicitarias y la exhibición de productos tanto en filmes como en el mercado en general. El entrenador debe darse cuenta de cómo estos pilares se interconectan y debería incluir en su explicación un entendimiento sobre la familia, religión y la economía en un área determinada. De hecho, hasta la geografía juega un rol muy importante en la transformación y moldeamiento de ciertas culturas en particular. La educación, por supuesto, no es simplemente aquello que se imparte de manera fromal sino que también se recibe informalmente. Que la educación es poderosa y es vida como lo dice el Dr. Donald Howard, un experto en educación de los Estados Unidos. La política no trata simplemente de un gobierno central sino que "la villa del desagüe" es también un poderoso moldeador en cómo la gente piensa y cómo una cultura se crea y cambia.

- Sería de gran ayuda para el entrenador en este punto que tenga presente y que observe cómo la cultura no es estática sino que está en un flujo constante de cambio. Algunas veces, ese flujo puede ser lento y se asemeja más o menos al crecimiento de un niño. Tan solo nos volvemos conscientes de ello a medida que miramos hacia atrás. Piensa en cómo los teléfonos celulares han cambiado nuestros estilos de vida y el de nuestros niños. ¿Qué efecto ha causado la computadora en nuestra cultura? Una discusión en clase sobre el cómo todas nuestras culturas se están volviendo genéricas sería de gran utilidad. ¿Cuál es la mayor influencia en este proceso? ¿Es acaso Hollywood y Bollywood o son otros agentes de influencia como el turismo, los viajes al exterior y el comercio?

DISCUSIÓN Y DIVISIÓN DE LOS PILARES

1. Política
2. La Economía
3. Los Medios de Comunicación
4. La Educación

¿En dónde se superponen y se unen éstos pilares?

¿Qué tan poderosos son éstos diferentes componentes? Haz una lista de algunos de estos componentes ¿En cuál sesión principal los pondrías y cuáles de ellas se superponen?

Tales como:

- La Familia - quizás en la educación pero también en la economía
- Los periódicos – en los medios de comunicación
- Publicidad – en los medios de comunicación pero afectada por el gobierno, las legislaciones y la política.
- El gobierno, pero qúe de los efectos locales de las políticas que "la villa del desagüe" afecta una comunidad o país
- La Educación – pero qué del entrenamiento en familia, los Scouts, la Escuela Dominical, los mentores, etc.

La cultura no es estática

- Está en constante cambio aunque algunas veces no nos percatemos de este hecho
- La cultura se está volviendo cada vez más genérica y nosotros estamos, en un basamento mundial y global, sujetos a las presiones de la cultura local o lo que se denomina como "el efecto invernadero cultural"
- Tan sólo visita a tu amigo extranjero en tu comunidad para que experimentes y veas un cambio cultural.

El influenciador cultural más poderoso

- Es probablemente las películas o filmes
- Y como muchos sabemos ellas predominantemente vienen de Hollywood en el Occidente
- …o de Bollywood en el Oriente

Todos nosotros vemos películas o filmes estadounidenses…
Todos nosotros somos culturalmente afectados…

El entrenador debería al menos dar dos horas completas de clase en esta sección e incluir una discusión en clase junto a un reporte

---

Presentación de PowerPoint: Cómo se forman las culturas (3)

Expectativa final:
Al final de la lección el estudiante debería ser capaz de mostrar qué cambios han observado ellos en su propia cultura en los últimos diez años y mostrar qué es lo que está causando tal cambio.

6. DEFINIENDO UNA CULTURA

- Esta sesión vería ser un poco más ligera en cuanto a contenido. El entrenador puede divertirse un poco en esta sesión. A menudo cosas como la comida y la vestimenta son puntos clave fáciles que las personas notan y que muy a menudo se ven con cierto sarcasmo y diversión aunque hay un lado serio en esta sesión en tratar de persuadir a las personas y a los estudiantes a involucrarse con la vlutura y entender las grandes diferencias en las perspectivas cluturales y en el entendimiento. La comida y la vestimenta permite al estudiante entrar en un ámbito más serio del entendimiento en este tópico en una forma que es fácilmente aceptable.

- Esta sesión debería ser tan interactica como sea posible y debería usar las propias experiencias de los estudiantes tanto como sea posible. Sería de gran ayuda si los estudiantes trajeran a esta sesión de clase algunos ejemplos de algunos puntos clave que definien una cultura.

¿QUÉ COSAS DEFINEN UNA CULTURA?

- Comida
- Vestimenta
- El Idioma
- Matrimonio
- La proximidad con otros que "se parecen a nosotros"
- Sistema de Valores
- Los Saludos

¿Cuáles son las cosas más fáciles de detectar que demuestran diferencias en la cultura?

Diferencias en una cultura que son muy obvias

Cosas como:

- COMIDA
- SALUDOS
- VESTIMENTA
- IDIOMA

El entrenador debería al menos dar una horas completa de clase en esta sección e incluir una discusión en clase junto a un reporte

Presentación de PowerPoint: Diferencias en una Cultura (5)

Expectativa final:
Al final de la lección el estudiante debería ser capaz de mostrar algunas de las cosas que las personas usan para mostrar que ellos son partes de un grupo "cultural" de personas.

7. EL IDIOMA Y LA CULTURA

- Esta sesión deberá tener una introducción hecha por el entrenador y luego permitir a los estudiantes que hagan una asignación y que tomen tiempo de la clase para ahondar en este tópico mas profundamente. Ellos pueden formular preguntas sobre el idioma y hallar otras expresiones idiomáticas a medida que ellos definen ciertas cosas del idioma en cuanto a la cultura. Por ejemplo la palabra Ashanti (un lenguaje foráneo) para denotar a una persona blanca es "bruni" y si el entrenador les pregunta a los estudiantes que significa la palabra ellos le dirán naturalmente que es una persona blanca tan solo porque fue mencionada pero si se etudia profundamente el significado de la palabra en realidad significa una persona que no tiene rodillas. Es ese tipo de pequeños matices que hace que el idioma tenga una expresión característica a medida que el grupo ahonde en su entendimiento de la cultura en cuanto a la construcción de un idioma. El entrenador hará que los estudiantes piensen por un momento en las palabras que elos usan y lo que éssas palabras realmente significan.

- El idioma tiene un efecto extraño en las personas. Yo estaba con un pequeño grupo de Tamules en la ciudad de París, Francia. Yo estaba hablando con una amiga, una joven estadounidense lingüista. Ella me preguntó si yo quería ver algo interesante. Yo accedí así que ella me aconsejó que prestara mucha atención. La cultura Parisina es una cultura en dónde la gente la gene se toca muchísimo en los saludos. Todos los adolescentes Tamil estaba hablando en su idioma y para aquellos que conocen la cultura Tamil sabrán que es una cultura en dónde el toque físico no es muy común. Tú ni siquiera estrechas manos los unos con los otros. Observo con atención y notaba que la conversación discurría de una forma muy común en su costumbre asíatica: muchas palabras, muchos movimientos de cabeza pero nada de toque físico. Pero a medida que empecé a hablar francés, idioma el cual ellos dominaban también, noté que no solo las palabras cambiaron sino que el lenguaje corporal también cambió. Ahora este grupo que no se tocaba en lo absoluto se convertían en personas Francesas que se daban la mano y se besaban la mejilla. ¡Qué poderoso es el idioma!

- Sería bueno en este punto el considerar como nuestro ididoma nos influencia en cosas como el estereotipo del género.

- Sería bueno en algún punto de esta sesión de clases el comentar leer y examinar distintos periódicos locales de las distintas secciones del periódico para reforzar la clase.

SESIÓN DE TRABAJO EN EL IDIOMA

- Considera otros idiomas
- Considera el uso de tu propio idioma o lengua en distintos grupos sociales
- Considera el idioma que hablas y cómo extranjeros lo usan como su segundo idioma
- Considera el idioma en cuanto al lenguaje corporal y expresiones faciales
- Consider el lenguaje propio de los jóvenes
- Considera los efectos del lenguaje textual
- Considera los efectos de la computadora
- Considera el idioma en cuanto al uso que la prensa le confiere en las distintas secciones de un periódico: deportes, sucesos, entretenimiento.

¿Define entonces el idioma a una cultura o la cultura define a un idioma?

El entrenador debería al menos dar dos horas completas de clase en esta sección e incluir una discusión en clase junto a un reporte. Algunas investigaciones pueden ser basadas en asignaciones en el hogar. Esta sesión debería durar unas buenas dos horas para cubrir el tópico de forma adecuada.

Expectativa final:
Al final de la lección el estudiante debería ser capaz de cuestionar su propio uso del idioma y decidir si es bueno o es malo lo que habla o expresa.

8. LA CULTURA Y EL FACTOR CAMBIO

- El punto en esta sesión es el tratar de entender cuánto ha cambiado la cultura y esta comprensión podría tomar unos cuántos años. Es importante que el estudiante reflexione sobre esto o que el entrenador sugiera en qué período de la historia es considerable que el estudiante piense y discuta para considerar su cultura actual y cómo ésta ha cambiado. Se necesita una hora para poder hacer el reporte en esta parte del estudio.

LA CONSIDERACIÓN DE LA CULTURA COMO UN FACTOR CAMBIANTE

Tarea
¿Qué es cultura? ¡Defínela!

Considera

- Modernismo
- Post Modernismo
- Necesitas examinar que tanto ha cambiado la cultura hasta el día de hoy
- Necesitas pensar en los efectos de las nuevas tecnologías como factores de cambio en esta generación
- Considera cuánto han cambiado las viejas instituciones
- ¿Qué efectos tiene el incremento del ritmo cambiario sonre una cultura?

Ensayo y reporte

Hay una presentación de PowerPoint que va junto a esta sesión (6)

El entrenador debería al menos dar una horas completa de clase en esta sección e incluir una discusión en clase junto a un reporte

9. CAMBIO CULTURAL EN NUESTRO MUNDO

- El entrenador probablemente querrá abordar esta parte del curso en tres partes: clase, discusión e investigación. El estudiante puede venir con una lista de cambios culturales distinta de la que voy a enumerar abajo. Ls listas nos ayudan a subrayar y enfatizar el pensamiento concerniente al cambio en nuestra cultura y las presiones que causan estos cambios. No todo cambio es bueno para una cultura y quizás sería bueno el observar tanto los cambio buenos como los malos y ver qué cambio se ha hecho a la cultura en general.

OBSERVANDO EL CAMBIO CULTURAL EN NUESTRO MUNDO

- ¿Cuáles son los grandes factores que generan el cambio incluyendo los filmes o películas?
- ¿Qué efectos ha traído el cambio en tu perspectiva de la vida en nuestro mundo? Por ejemplo, los teléfonos celulares.
- ¿Cuáles son las buenas cosas que ha traído la generación del teléfono celular?
- ¿Cuáles son las malas cosas que ha traído la generación del teléfono celular?
- He aquí alguno de los cambios culturales más grandes que ocurrieron en el Occidente. Algunas de estas cosas te afectan y te afectarán.

  - Bajo presión
  - ¡La Cultura!
  - Las perspectivas históricas

¿Qué pasó?

- La Revolución Industrial
- El ritmo de la urbanización
- La última Guerra Mundial
- El rol de la mujer
- La gran rueda del cambio
- Cambio cultural

¿Qué se perdió?

- Pérdida de absolutos
- Pérdida de una base moral
- Pérdida de la espiritualidad
- Pérdida de la fe en la ciencia
- Pérdida de las tradiciones
- Pérdida de la estabilidad

CAMBIO

- Cambio institucional….ha sido grande
- Avance tecnológico…ha sido rápido
- Ventajas materiales…es masivo

¿Qué cosas has notado que han cambiado? Responde la pregunta según los siguientes términos:

- El rol de la mujer
- Tecnología
- Urbanización
- El cambio acelerado

He aquí una lista bastante corta.Fue un rápido análisis de lo que ha pasado en el Reino Unido y el mundo durante las últimas décadas. Me pregunto si podrías hacer una lista similar. ¿Cómo quedaría tu lista?

- Década de los 40: Guerra
- Década de los 50: Expectativa
- Década de los 60: Revolución
- Década de los 70: Desilusión
- Década de los 80: Egoísmo
- Década de los 90: Desesperación
- Década de los 00: ? ? ? ? ? ? ?

El New Musical Express expresó que en los 90 "el suicidio se incrementó de forma alarmante en ésta década"

El entrenador debería al menos dar dos horas completas de clase en esta sección e incluir una discusión en clase junto a un reporte.

Expectativa final:
Al final de la lección el estudiante debería ser capaz de describir al menos desde la perspectiva de su país, las perspectivas históricas que han traído el cambio de la cultura en su país.

10. LA CULTURA Y EL ROL DE LA MUJER

- En esta sesión el entrenador debe lograr que los estudiantes tomen en consideración a la mujer y su rol en la sociedad no solo como ellas son afectadas por la cultura sino por cómo ellas moldean y afectan a una cultura. Deberíamos considerar las perspectivas de cambio que ocurren en el Occidente con la mujer en áreas como el trabajo, crianza de niños, el uso del dinero y la ley. Hay muchas otras áreas más sobre el tema que el entrenador o los estudiantes quisieran tomar en consideración para discutirlo en la clase. Sin embargo, uno no debería simplemente considerar el rol de la mujer tan solo en términos de tu propio país; por favor trata de ver y entender lo que las mujeres hacen en otros países sobre todo en los países del tercer mundo. Obsrerva sus elecciones en términos de matrimonio, trabajo y educación. Considera tanto su bienestar económico como su contribuxión económica a la familia y a la nación como un todo. Hazte a ti mismo la siguiente pregunta: ¿Qué tan influencial son estas mujeres en estas áreas y que necesitarían cambiar, si es que hay algo, para ser más o menos influyentes en la sociedad?

EL ROL DE LA MUJER EN EL MUNDO

- Efectos culturales
- Efectos económicos
- ¿Cómo nos afecta?
- ¿Nos afecta?
- Trata y piensa más allá de las fronteras de tu propio país en esta sesión de clase

El entrenador debería al menos dar dos horas completas de clase en esta sección e incluir una discusión en clase junto a un reporte.

Expectativa final:
Al final de la lección el estudiante debería ser capaz de ver más claramente el rol de la mujer en el mundo y ser objetivo sobre si se debería, se puede o se podría cambiar su influencia en la sociedad y qué cosas deberían ser cambiadas.

11. CÓMO LA URBANIZACIÓN CAMBIA UNA CULTURA

- La urbanización es probablemente el cambio más grande en cualquier parte de nuestro mundo. La urbanización afecta todas las áreas de nuestra vida. Cambia la manera en que las personas interactúan y rompe para siempre normas culturales de antaño. Tiene también sus efectos económicos tanto buenos como malos. Vivimos en un mundo de ciudades y las ciudades están creciendo continuamente a un ritmo impresionante. Muy a menudo la urbanización incrementa la presión en las personas disgregando lentamente las grandes comunidades. Esto pone una gran necesidad en las organizaciones gubernamentales, voluntariados y consejeros en lidiar con las presiones que pueden suscitarse en múltiples comunidades fragmentadas. La urbanización, por supuesto, tiene efectos poderosos en la cultura: cambiando lo viejo y creando un nuevo modo de entender y ver las cosas.

DISCUSIÓN SOBRE LA URBANIZACIÓN

- Su razón
- Su efecto en la cultura
- Su efecto en la Economía
- Cualquier cosa que los estudiantes quisieran añadir
- Cualquier cosa que los estudiantes sienten que debe o debería cambiar en cuanto a este tópico

El entrenador debería al menos dar dos horas completas de clase en esta sección e incluir una discusión en clase junto a un reporte.

Expectativa final:
Al final de la lección el estudiante debería ser capaz de entender el auge mundial de la urbanización, discutir sus méritos y deméritos y entender las presiones de las personas que viven en grandes conurbaciones.

12. LA IMPORTANCIA DE UNA META-NARRATIVA

- Es muy probable que muchos de tus estudiantes no sepan lo que es una meta-narrativa y por eso deberíamos comenzar esta sesión de clases usando definiciones. La simple explicación de la frase "el gran cuadro" es más que suficiente para que el estudiante entienda. Lo que eso significa en nuestro estudio de culturas es esto: muchas culturas, incluso en nuestro mundo post-moderno (el cual estudiaremos más tarde) usan una meta-narrativa para explicar quienes son y en dónde están parados en el mundo en que viven. Les da a muchas personas una posición. Asi que comunistas, musulmanes, Cristianos, de hecho, casi cualquier grupo que vea las cosas en términos de un comienzo, desarrollo y final tienen una meta-narrativa desde la cual operan. Por consecuencia, eso significa que ellos interpretan el mundo que está alrededor de ellos de forma singular.

- Así que la meta-narrativa es muy importante. Muchos de nosotros la usamos sin darnos cuenta o al menos sin saber nada en lo absluto sobre una meta-narrativa. Sin embargo, hay grupos de personas en nuestro mundo que no usan una meta-narrativa y por lo tanto no verán las cosas desde nuestro punto de vista.

- El tutor en esta sesión pondrá a los estudiantes a analizar si ellos tienen una meta-narrativa y, si la tienen, lo que significa. Por ejemplo, una meta-narrativa Cristiana sería la creación, la cáida, el pecado, la redención, la salvación, el cielo y cosas como esa…El tutor probablemente se dará cuenta que una discusión en clase es la mejor ruta para que el estudiante comprenda la lección. El tutor deberá hacer que los estudiantes piensen lo que podría ser la meta-narrativa de otro grupo distinto a ellos. Ellos también deberán reflexionar y pensar el hecho de que no exista una meta-narrativa. ¿Cómo podría funcionar tal cosa? Analizaremos eso más tarde.

- ¿Qué es?
- Lo que le hace a nuestro mundo
- Lo que le hace a nuestras consejerías y conversaciones con la gente
- ¿Qué pasaría si no hubiera una meta-narrativa?
- Haz una lista de cosas que podrían pasar sin una meta-narrativa

El entrenador debería al menos dar dos horas completas de clase en esta sección e incluir una discusión en clase junto a un reporte

Hay una presentación de PowerPoint que va junto a esta sesión (7)

Expectativa final:
Al final de la lección el estudiante debería ser capaz de decir quién tiene o no tiene una meta-narrativa y mostrar si el tener una meta-narrativa es importante en el entendimiento de la cultura de las personas y en las expectativas que ellos tengan.

13. NUESTRAS PRESUPOSICIONES

- Todos nosotros tenemos presuposiciones y aún muchas veces no estamos siquiera consciente de ese hecho El hecho es que nosotros estamos usando nuestras presuposiciones todo el tiempo en tratar de analizar el mundo que está alrededor nuestro. Llegamos a conclusiones y pensamos basado en nuestros hechos. El problema es que ninguno de nosotros puede alguna vez ser realmente objetivos. Nuestras presuposiciones colorean todo. Vemos los hechos y luego llegamos a una conclusión basada en nuestras presuposiciones. Deberíamos estar conscientes que con una base cultural diferente, una diferente gama de presuposiciones pudo haber estado ya programada en nosotros sin saberlo. Por lo tanto, cuando observamos los mismos hechos es muy probable que terminemos llegando a una conclusión completamente distinta.

- Hay dos ejercicios muy divertidos en esta sesión. Una es la figura de la mujer joven y la mujer vieja (es en realidad la misma figura). El otro ejercicio es el GOSISNOWHERE (DIOS NO ESTÁ EN NINGÚN LADO-DIOS ESTÁ AHORA AQUÍ). Realmente no prueba absolutamente nada excepto que nosotros vemos las cosas de manera distinta y algunos de nosotros tendrán diferentes respuestas y aún estar viendo el mismo panorama. Es demasiado simple decir que esto es tan solo reslutado de nuestras presuposiciones, y aunque podría ser así, debería animar a los estudiantes a pensar sobre lo que ven, cuales son las expectativas de sus preposiciones y cual es el resultado de éstas. Tambien debemos reconocer que otros llegan a una conclusión distinta y aún estamos mirando la misma cosa desde el mismo ángulo.

PRESUPOSICIONES

- Las cosas que nosotros tenemos que no sabíamos que teníamos
- Lo que ellas hacen a nuestras percepciones
- Lo que ellas hacen en términos de nuestra conversación con otros
- Como nuestra cultura moldea nuestras presuposiciones y como nuestras presuposiciones moldean la cultura

El ejercicio No 1 se puede hacer en grupos de dos personas: que los estudiantes hagan una lista de presuposiciones. Que escriban tantas como puedan.

El ejercicio No 2 se puede hacer también en grupos de dos: que los estudiantes hagan una lista de presuposiciones. Que escriban tantas como puedan

> **El entrenador debería al menos dar dos horas completas de clase en esta sección e incluir un reporte**

> **Hay una presentación de PowerPoint que va junto a esta sesión (8)**

> **Expectativa final:**
> **Al final de la lección el estudiante debería ser capaz de analizar sus propias presuposiciones y haber entendido como éstas llegaron a formar parte de su vida.**

14. CAMBIOS OBSERVABLES QUE ESTÁN EJERCIENDO PRESIÓN EN NUESTRA CULTURA HOY EN DÍA Y EL CAMBIO CONSTANTE

- El cambio está aún tomando lugar en nuestra cultura, algunos de esos cambios están viniendo de nuevas y viejas legislaciones que toman tiempo en filtrarse en una cultura. ¿Puede el grupo de estudiantes mirar estas cosas y predecir que cambios podrían posiblemente tomar lugar así como estos planes legislativos y de gobierno harán a medida que éstas se filtran en la cultura.

- Sería bueno que el tutor lleve al grupo a discutir en clase este tema y animar al estudiante a mirar hacia atrás en este curso y observar los eventos que tomaron lugar en la historia y que más tarde tuvieron un profundo efecto en nosotros hast el día de hoy. Por ejemplo: pudiéramos mirar la necesidad que las mujeres tenían de trabajar en la Segunda Guerra Mundial y el efecto que ha tenido y que aún sigue teniendo en nuestra cultura. ¿Qué tendencias actuales están tomando lugar hoy en día y hacia adonde nos llevan?

- Sería bueno que en esta sesión los estudiantes reconsideren los principales cuatro pilares que moldean una cultura ya que siempre hay cosas que están suscitándose en esas áreas que afectarán el futuro. Necesitamos mirar estas cosas y tratar de buscar el dónde y el porqué. Haciendo este ejercicio de froma correcta el estudiante se hará más consciente de las tendencias y movimientos que alterarán de forma definitiva las culturas, la manera de pensar de las personas y por lo tanto alterar las conclusiones que las personas alcanzan en la vida.

¿QUÉ COSAS SON ESAS?

- Cuadro de preguntas
- Análisis de resultados
- Discusión en grupos
- Una retroalimentación

El entrenador debería al menos dar dos horas completas de clase en esta sección e incluir un reporte.

Expectativa final:
Al final de la lección el estudiante debería ser capaz de analizar algunas de las tendencias actuales y hacia adonde ellas nos podrían llevar. Al hacer esto, los estudiantes deberían estar más conscientes que qué personas ellos estarán tratando, de lo que ellas estarán pensando y cómo sus conclusiones y pensamientos pueden haber sido o están siendo cambiados. Por ejemplo, las actitudes que muchas personas tienen del matrimonio podrían crear un pensamiento y acciones distintos en relación a nuestro pensamiento de la familia sea bueno o malo.

15. SUBCULTURAS Y CULTURAS ESPECIALES

- Se recomienda que el tutor comience esta sesión con una discusión en clase y un buen uso de cuadros informativos. ¿A qué nos referimos por subculturas y culturas especiales?

- También se recomienda que el tutor del curso use esta sesión del curso para animar al estudiante a planear y preparar su propia investigación al respecto. Para hacer esto sería bueno dividir el salón en grupos de tres personas pero se pueden añadir más si así se necesita.

- El grupo pequeño entonces debiera decidir que subcultura en particular ellos debieran estudiar e investigar y también deberían decidir como ellos harán un reporte para explicarlo al resto de los estudiantes. También deberían decidir como este reporte será presentado al grupo. Esto, por supuesto, necesitará decisión sobre cómo se hará y cómo. Permite que los estudiantes decidan por un tiempo prolongado.

- Hay subgrupos que pueden ser considerados como un grupo cultural especial. Esto, por supuesto, no es exhaustivo.

- A este punto del curso sería bueno el ayudar a los estudiantes a entender que no se trata tan solo de países, grupos de personas o grupos de idiomas que adoptan culturas sino identidad co-operativas que también tienen culturas: así que hablamos sobre "la cultura del servicio de salud" de la cultura "de tal negocio" o "de tal empresa".

- El estudio hecho por los estudiantes debería incluir un análisis de un grupo cultural en particular observando lo siguiente:

El proceso de los pequeños grupos culturales

- ¿Qué cosas hacen de un grupo un grupo?
- ¿Cuáles son las cosas que son consideradas normales en este grupo en particular?
- ¿Existe un uso especial del idioma?
- ¿Cómo se relaciona este grupo cultural a la macrocultura?
- ¿Existen cosas que no podrían ser entendidas inmediatamente si estuvieras hablando con estas personas?
- ¿Hay cosas que rápidamente malinterpretarías si no has hecho un estudio exhaustivo del grupo (por ejemplo los Ghaneses para mostrar respeto hacia la otra persona no miran a los ojos a una mujer o un hombre mayor)?
- ¿Cómo el estudio de este grupo ha ayudado o profundizado tu pensamiento en cuanto a la relación con otras culturas y subculturas?
- Ninos huérfanos en adopción (Niños o adolescentes en el sistema de cuidado)
- La comunidad de Sordos (personas que usan lenguaje de señas para comunicarse)
- La segunda generación de Asiáticos que han nacido en el Reino Unido
- La segunda generación de Afro-Caribeños que han nacido en el Reino Unido

DISCUSIÓN

Introducción a este tópico en la cultura de los niños huérfanos o adoptivos

Ésta área es muy importante y una en la cual ignoramos muy a menudo y en la cual no pensamos y aún así está representada por una gran cantidad de personas. Nos gustaría que los estudiantes hicieran una tarea especial en relación a este asunto en términos de hacer una investigación y un reporte para todo el grupo.

- Se necesita hacer una asignación sobre el tema

He aquí algunos de los grupos, por ejemplo, del Reino Unido que podríamos estudiar y que no son tan obvios:

- La cultura de Asiáticos que nacieron y viven en el Reino Unido
- La cultura de la comunidad de sordos
- La cultura de la comunidad de ciegos
- La cultura de aquellos que están discapacitados, particularmente los que están en silla de ruedas
- La cultura de una compañía local
- La cultura del Servicio de Salud
- La cultura de las fuerxas policíacas (son culturalmente racistas)

El entrenador debería al menos dar dos horas completas de clase en esta sección e incluir un reporte.

Expectativa final:

Al final de la lección el estudiante debería ser capaz de observar a uno de estos grupos y subrayar sus hallazgos de sus investigaciones sobre el tema a todo el grupo sobre el cómo se originó un grupo en particular y cómo éste grupo llegó a aceptar y vivir bajo las normas que ellos mismos establecieron.

16. LA CULTURA DOMINANTE O LA CULTURA QUE DOMINA LA SOCIEDAD ACTUALMENTE

- Actualmente en el Reino Unido y en otros países existe una cultura dominante. Algunos aseguran que existe una cultura dominante. Si no eres parte de esa cultura dominante entonces enfrentarás presiones extra. Presiones para conformar, para que te alejes de algunos de tus propios valores culturales. Esto puede ser traumático, difícil, confuso y complicado de aceptar y vivir. Si en cambio somos parte de la cultura dominante ya sea por el color de la piel, el idioma o tn sólo un accidente por nacimiento algunas veces tratamos con desdén a aquellos que perciben las cosas de un modo distinto. Podemos llegar a decir "mi cultura es la norma aceptable y así es como se debe vivir" sin comprender siquiera las demás culturas. Al no hacer esto y juzgando con ojo crítico sus acciones, las preconcepciones que tendremos de ellos así como nuestra manera de lidiar con ellos será muy limitada en nuestro punto de vista y al mismo tiempo puede ser destructiva aún si pensamos que estamos en lo correcto.

- El propósito de esta sesión es el mirar a la cultura dominante del país en el cual vivimos. Observar las maneras de la cual esta cultura se fromó y el fecto que ésta cultura ha tenido sobre todas las demás culturas que conviven alrededor de ella asñi como los grupos que se han formado a raíz de esta cultura y que por ciertas razones se convierten en subgrupos.

- Es recomendable que en esta sesión se maneje una discusión "frente a frente" donde todos participen y que analicen las percepciones que los estudiantes tienen sobre lo que es una cultura dominante.

Tanto en el Reino Unido como en todo el mundo existe una cultura dominante:

- ¿Qué es?
- ¿Qué hace?
- ¿Cuál debería ser nuestra respuesta a esa cultura?
- Considera los efectos si no eres parte de esa cultura
- Considera los efectos si tienes una apariencia o look que te separa de esa cultura
- Considera los efectos si tú no consientes o estás de acuerdo con la cultura dominante

El entrenador debería al menos dar dos horas completas de clase en esta sección e incluir un resumen sobre el tema.

Hay una presentación de PowerPoint que va junto a esta sesión (9)

Expectativa final:
Al final de la lección el estudiante debería ser capaz de haber analizado su propia cultura y haber entendido lo que es una cultura dominante y qué la hace. Ellos deberían er capaces de demostrar cómo esa cultura dominante podría afectar otras secciones de la sociedad.

17. CUÁLES SON LAS PRESIONES Y BENEFICIOS DE LA CULTURA EN LA FAMILIA

- El mundo en el cual vivimos está creando huérfanos en una escala masiva. Aunque en el Occidente las estadísticas demográficas se están moviendo hacia una población más vieja esto no es una realidad en una escala mundial. Algunos países se están volviendo más jóvenes a medida que la cifra de nacimientos se incrementa más y más. En adición a esto existen muchos otros problemas que se suman a la lista: SIDA en algunos países, guerra en otros, entrenamiento de niños como soldados, el divorcio extremo en el Occidente que ha llegado hasta más del 50 por ciento según actuales estadísticas. El efecto de estas tendencias hace que nuestras culturas estén bajo presión y que nos cambie completamente.

- El tutor en esta sesión necesitará hacer que los estudiantes entiendan la presión en nuestro mundo sobre estas tendencias.

Una presentación del mundo huérfano

Las diferentes razones que afectan a la familia en todo el mundo:

- Divorcio
- SIDA
- Guerras
- La necesidad de una vivienda extra
- Implicaciones para el futuro
- Gobierno

- Pensiones
- Vivienda

Esto obviamente afecta y cambia una cultura. La situación actual del mundo entero nos ha dejado con la mayor cantidad de huérfanos que el mundo haya conocido. ¿Qué efecto tendrá esto en la cultura que nosotros pensamos y aceptamos como normal?

El entrenador debería al menos dar dos horas completas de clase en esta sección e incluir un resumen sobre el tema.

Hay una presentación de PowerPoint que va junto a esta sesión: Presión familiar (10)

Expectativa final:
Al final de la lección el estudiante debería ser capaz de entender algunas de las tendencias mundiales en relación a las familias. Ellos también deberían haber considerado alguno de los efectos que podrían tener en su país y en su cultura. No será posible ser lo totalmente predictivo pero el ejercicio habrá incrementado el entendimiento de los estudiantes.

18. CLASE ESPECIAL DEL GRUPO "THROUGH THE ROOF" UNA ORGANIZACIÓN DE PERSONAS CON DISCAPACIDADES Y SU CULTURA

Hemos hecho la sugerencia de invitar a la clase a un invitado especial aquí. Sin embargo, cualquier persona que pertenezca a una cultura especial puede ser invitada en esta sesión de clase.

- Esta lección será dictada por una organización llamada "Through the Roof". "Through the Roof" es una organización caritativa que se especializa en hacer las personas conscientes de la cultura y las necesidades de las personas con discapacidades. La caridad también se especializa en donar sillas de ruedas a países en desarrollo.

- El tutor ayudará a la persona que vendrá en nombre de la organización con cualquier cosa que el tutor invitado necesite en cuando a video beams, proyectores y distribución de panfletos.

El entrenador debería al menos dar ocho horas completas de clase en esta sección e incluir un resumen sobre la clase.

Expectativa final:
Al final de la lección el estudiante debería ser capaz de haber adquirido un entendimiento de un grupo de personas que forman una subcultura dentro del Reino Unido o el país en donde se esté dando la lección

19. EL CHOQUE DE CULTURAS

- En esta sesión se tomará el tiempo de observar a una cultura en particular y notar como ésta causa choques con la cultura principal o dominante de un país. Sería bueno que el tutor use la investigación hecha por los estudiantes en el curso de Subculturas. Este es el curso numero 15.

- El tutor debería hacer que los estudiantes vean cuántos grupos chocan con la cultura dominante y facilitarles material para que ellos vean por ellos mismos lo que el tutor está explicando.

Considera

- Grupos de personas como los Asiáticos nacidos en el Reino Unido
- El hablar dos idiomas
- Cuando la cultura en la casa es distinta de la cultura que está en el colegio, el trabajo o en la cultura dominante.

El entrenador debería al menos dar dos horas completas de clase en esta sección y usar la propia investigación de los estudiantes para llegar a conclusiones.

Expectativa final:
Al final de la lección el estudiante debería ser capaz de usar su propia investigación de un subgrupo de otra cultura y ponerla junto a la cultura principal y llegar a conclusiones asi como las dificultades que se presentan y las soluciones potenciales a las que se puedan llegar.

---

20. FINALIZACIÓN DEL CURSO/RESUMEN DE LAS SESIONES/PRESENTACIÓN DE CERTIFICADOS DE FINALIZACIÓN DE CURSO

Lectura recomendada

1. *El Medio es el mensaje* por Marshall McCullan

2. *Jacob* por Adrian Hawkes (El libro cubre algunos aspectos de cultura)

3. *Futurewise (Sabio del Futuro)* por el Dr. Patrick Dixon

4. *Suposiciones que afectan nuetras vidas* por el Dr. Christian Overman. M. Ed. (Master en Educación)

5. *Moda y Estilo* por Mike Starkey (Libro que trata sobre la cultura y la industria de la moda en nosotros)

El mundo está siendo transformado ante nuestros ojos de una sociedad industrial y tecnológica en algo nuevo y distinto. En el libro de Partick Dixon llamado *Sabio del Futuro: Seis caras del Cambio Global (Futurewise: Six Faces of Global Change)* es un libro rico con un perfil emocionante de este futuro desde seis perspectivas esenciales. El futuro que el observa es rápido, urbano, tribal, universal, radical y ético y en cada una de esas áreas, las fuerzas que se están moviendo requieren de una sabiduría de parte de los líderes de negocios que quieran prosperar e ir hacia delante. Con la visión de Dixon, tu puedes planear y cambiar tu mañana y hacer cambios que construyan valores que duren por mucho tiempo.

Material para repartir

- Articulo de la revista TIME sobre la cultura
- Presentación PowerPoint en:
    - 1. ¿Qué es Cultura?
    - 2. Los pilares de la cultura

Filmes y Videos recomendados
Los filmes que puedes ver que te ayudarán a ver y a analizar otras culturas

- Whale Rider
- East is East (El Este es el Este)
- Bend it like Beckham (Juega como Beckham)
- My Big Fat Greek Wedding (Mi Gran Boda Griega)
- Rabbit-Proof Fence (Cerca a prueba de Conejos)
- Good-bye Lenin! (¡Adiós Lenin!)

ENTRENADORES NB BTI

Añade mecanismos a los estudiantes que están pasando por momentos difíciles. Si piensas añadir algunas técnicas especializadas sería de gran ayuda el pensarlo cuidadosamente o el hablarlo con las oficinas del BTI en Inglaterra o por correo electrónico.

Nuestros métodos de evaluación muestran qur los estudiantes realmente hayan entendido la lección

- Ensayos
- Hojas informativas
- Asignaciones

ASIGNACIÓN PARA EL HOGAR
TAREAS PARA EL ESTUDIANTE DURANTE EL CURSO

CURSO DE CULTURA DEL BTI A TRAVÉS DE ENSAYOS, FILMES, VIDEOS Y REPORTES DE LOS LIBROS LEÍDOS

ENSAYOS, FILMES Y VIDEOS

PELÍCULA: WHALE RIDER

¿Qué nos enseña este filme sobre el rol de la mujer en la cultura que el filme muestra y cómo eso se compara con la cultura dominante en la cual vives? ¿Qué cambio debería darse en tu cultura? ¿Qué cambio no debería darse en tu cultura?
Ensayo: 1.500 palabras

PELÍCULA: EL ESTE ES EL ESTE (EAST IS EAST)

El filme nos muestra a un Reino Unido 20 años atrás en la historia de ese país. ¿Qué piensas tu que ha cambiado desde entonces? ¿Qué nuevas presiones piensas que la comunidad de personas en tu país enfrentan ahora?
Ensayo: 1.500 palabras

PELÍCULA: JUEGA COMO BECKHAM (BEND IT LIKE BECKHAM)

A pesar de que este es un filme divertido ¿Qué piensas que el filme tiene que decir sobre cultura o las culturas? ¿Qué enseñanza o aspecto nuevo aprendiste del filme? ¿Qué te gusta de la cultura que ves en el filme? ¿Qué no te gusta? ¿Qué tan fácil sería para ti crear un cambio en la cultura que ves en el filme y en la vida real? Explique
Ensayo: 1.500 palabras

PELÍCULA: MI GRAN BODA GRIEGA (MY BIG FAT GREEK WEDDING)

Explica las presiones que podrías sentir al vivir en una cultura pero ser miembro de otra considerando y tomando nota de cuál de las dos culturas que ves en el filme es la cultura dominante.
Ensayo: 1.500 palabras

PELÍCULA: ¡ADIÓS LENIN! (GOODBYE LENIN!)

Hay un choque de culturas en este filme ¿Cómo podrías usar el ejemplo de este choque para observar y analizar los posibles choques culturales de hoy día?
Ensayo: 1.000 palabras

PELÍCULA: CERCA A PRUEBA DE CONEJOS (RABBIT PROOF FENCE)

Esta es una historia verdadera ¿Piensas que la cultura de aquel momento influenció la legislación de aquella época? Y si fue así ¿De qué manera? ¿Sabes cuales son las implicaciones que ves en este filme tanto en la actual sociedad de Australia como en el efecto que éstas producen en las legislaciones, las cortes judiciales y la cultura como un todo?
Ensayo: 1.500 palabras

ENSAYOS/REPORTES DE LOS LIBROS LEÍDOS

LIBRO: El Medio es el mensaje por Marshall McCullan

¿De qué manera el Medio afecta y moldea la cultura moderna? Explique
Ensayo: 1.000 palabras

LIBRO: Jacob por Adrian Hawkes

¿Cuáles son los grandes eventos que en tu opinión han ocurrido hasta ahora en la última década y qué efectos puedes ver de acuerdo a tu experiencia de investigación y lectura sobre la cultura griega?
Ensayo: 1.000 palabras

LIBRO: Futurewise por el Dr. Patrick Dixon

El mundo está cambiando rápido. En este libro, el Dr. Patrick Dixon explora seis grandes tendencias que todos necesitamos adaptar. Rapidez: la velocidad será todo, Urbano: cómo el énfasis en las ciudades se intensificará, Tribal: conflictos en la cultura y la conciencia por ejemplo en Europa, Universal: las fuerzas de la globalización, Radical: la reacción en contra de los valores del siglo 20, Una nueva moralidad.

¿Cuáles son las reacciones en contra de los valores éticos y culturales del siglo 20? ¿Cómo ves este conflicto en los próximos veinte años?
Ensayo: 1.500 palabras

LIBRO: Suposiciones que afectan nuetras vidas por el Dr. Christian Overman. M. Ed. (Master en Educación)

¿De qué manera estamos aún influenciados por la cultura griega hoy día? ¿Qué piensas del efecto que el pensamiento hebreo tiene aún en tu país y en tu cultura?
Ensayo: 1.000 palabras

LIBRO: Moda y estilo por Mike Starkey

Un vistazo a la historia de la moda y cómo la percibimos-cómo nuestros bifocales internos juzgan debido a nuestra cultura de color y de cómo vestir y la importancia de expresar cultura a través de la moda o oponerse a ella si ese es el caso. Este libro esta lleno de sorpresas.

¿Cuáles son los puntos de vista denuestra cultura en lo concerniente a la moda y cuáles son los sorprendentes usos históricas de la ropa y la moda en Europa?
Ensayo: 1.500 palabras

ARCHIVO DE NOTAS DEL ESTUDIANTE

DIPLOMADO EN CULTURA DE BARNABAS TRAINING

Barnabas Training International
Inglaterra, Reino Unido

CURSO DE ENTRENAMIENTO EN EL ÁMBITO DE LA CULTURA
ESTE CURSO TENDRÁ UNA DURACIÓN MÍNIMA DE 35 HORAS
MÁS 25 HORAS DE ASIGNACIONES Y ESTUDIO EN EL HOGAR

BARNABAS TRAINING INTERNACIONAL

ÍNDICE PARA EL CURSO DE CULTURA

1	¿QUÉ ES CULTURA?	126
2	DEFINICIONES	128
3	LOS PILARES BASE DE UNA CULTURA	129
4	¿POR QUÉ ES IMPORTANTE EL SABER SOBRE CULTURA?	134
5	MANERA EN QUE SE FORMAN LAS CULTURAS	137
6	DEFINIENDO UNA CULTURA	139
7	LENGUAJE Y CULTURA	140
8	CULTURA Y EL FACTOR CAMBIO	141
9	EL CAMBIO CULTURAL EN NUESTRO MUNDO	142
10	LA CULTURA Y EL ROL DE LA MUJER	145

11   COMO LA URBANIZACIÓN CAMBIA UNA   146
CULTURA

12   LA IMPORTANCIA DE UNA META-NARRATIVA   147

13   ¡NUESTRAS PRESUPOSICIONES!   148

14   CAMBIOS OBSERVABLES QUE EN LA   149
ACTUALIDAD EJERCEN PRESIÓN SOBRE
NUESTRA CULTURA Y COMO LA CAMBIA

15   SUBCULTURAS Y CULTURAS ESPECIALES   150

16   LA CULTURA DOMINANTE O QUE DOMINA   152

17   ¿CUÁLES SON LAS PRESIONES Y BENEFICIOS   153
DE UNA CULTURA EN LA FAMILIA

18   CLASE ESPECIAL DE LA ORGANIZACIÓN   155
"THROUGH THE ROOF" QUE LABORAN CON
PERSONAS DISCAPACITADAS Y SU CULTURA
ÚNICA

19   EL CHOQUE DE CULTURAS   156

20   FINAL DEL CURSO/RESUMEN/   157
PRESENTACIÓN DE CERTIFICADOS

El Propósito del Curso

El propósito del curso no es descubrir lo que está bien o está mal en una cultura sino el entendernos a nosotros mismos primeramente. ¿Qué expectativas hemos tomado como resultado de nuestra cultura? ¿Realmente pensamos en nuestra cultura y lo que significa? Si vivimos en una cultura monocultural en dónde todas las personas son como nosotros entonces probablemente ni siquiera pensemosen el asunto. No esta mal el decir, por ejemplo, las similitudes que existen entre las personas que viven en el norte de Inglaterra y las que viven en el Sur pero llegar a esa conclusión sería llegar a una decalración simplística. Necesitamos una mejor respuesta que esa. Si estamos usando este curso como consejería entonces este curso será de extrema importancia para ti. Las culturas de las personas los hacen llegar a diferentes conclusiones del mismo set de perspectivas. Sin embargo, debemos tener cuidado a medida que vayamos avanzando en el curso el no volvernos complacientes e términos de aceptar las normas culturales como normales y que son las correctas simplemente porque son culturalmente aceptadas. Por ejemplo, tan sólo porque es culturalmente aceptable para el hombre el golpear a su esposa en una determinada cultura ¿Quiere decir eso que está bien el hacerlo y que debamos seguir la cultura? Despues de todo es su cultura y no debiéramos interferir con eso ¿no?

Lo que se espera del curso:

Al final de este curso el estudiante deberá entender lo siguiente.

- De dónde proviene la Cultura
- El cómo se forma una Cultura
- El cómo cambia una cultura
- El estar consciente de otras culturas
- El estar dispuesto a ver las cosas desde otra perspectiva al entender las preconcepciones de otra persona

Esto debiera hacernos caer en cuenta de cómo nuestras:

- Ideas
- Pensamiento
- Presuposiciones

Afectan TODAS nuestras conclusiones.

Este curso está hecho y será asesorado para el entendimiento del estudiante a través de:

- Ensayos
- Reportes de ciertos filmes que serán asignados
- Reportes de libros que el estudiante deberá leer
- Por un reporte analítico en un set de tópicos dentro del curso

Sesión 1-¿Qué es Cultura?

¿Qué es Cultura?
¿De dónde viene?
¿Qué la hace?

Es el efecto de la familia y las presiones a través de la:

- Política/Religión
- Educación
- Arte/Medios de Comunicación
- Economía

Las diferencias entre una cultura y otra son obvias. Cosas como:

- Comida
- Los saludos
- La vestimenta
- El idioma

Los cuatro pilares de la cultura son aquellos en los que descansa o se fundamenta una cultura.

- Negocios/Economía
- Educación/Familia
- Medios de comunicación/Entretenimiento/Publicidad
- Política/Gobierno/Religión

El influenciador cultural más poderoso

- Es probablemente las películas o filmes
- Y como muchos sabemos ellas predominantemente vienen de Hollywood en el Occidente
- …o de Bollywood en el Oriente

Todos nosotros vemos películas o filmes estadounidenses…
Todos nosotros somos culturalmente afectados…

¿Por qué este curso es importante?

- Necesitamos entender quiénes somos nosotros
- Necesitamos entender el porqué nosotros estamos aquí
- Necesitamos un punto de referencia en donde podamos ayudar a otros
- Vivimos en un mundo altamente globalizado y para entender otras culturas, particularmente a la hora de aconsejar a otros, nuestro entendimiento en la parte cultural es muy importante a la hora de enfocar nuestros puntos de referencia.

PowerPoint: ¿Qué es Cultura? (1)

Expectativa final:
Al final de la lección el estudiante debería ser capaz de describir lo que significa o se refiere al término cultura.

Sesión 2-Definiciones

Algunas palabras del diccionario:

- Civilización
- Humanidad
- El mundo
- Las personas
- La población
- La comunidad
- Nadie
- Cada persona

Expectativa final:
Al final de la lección el estudiante debería ser capaz de definir lo que es cultura desde varios puntos de vista.

Sesión 3-Los Pilares Base de una Cultura

INTRODUCCIÓN AL CURSO

Un vistazo a los pilares base de una cultura

- El cómo operan
- Lo que éstos pilares hacen
- El efecto que causan estos pilares

Es el efecto de la familia y las presiones a través de la:

- Política/Religión
- Educación
- Arte/Medios de Comunicación
- Economía

Los cuatro pilares de la cultura son aquellos en los que descansa o se fundamenta una cultura.

- Negocios/Economía
- Educación/Familia
- Medios de comunicación/Entretenimiento/Publicidad
- Política/Gobierno/Religión

La cultura no es estática

- Está en constante cambio aunque algunas veces no nos percatemos de este hecho
- La cultura se está volviendo cada vez más genérica y nosotros estamos, en un basamento mundial y global, sujetos a las presiones de la cultura local o lo que se denomina como "el efecto invernadero cultural"

- Tan sólo visita a tu amigo extranjero en tu comunidad para que experimentes y veas un cambio cultural.

¿Por qué los pilares son tan importantes?

Primero que todo:

Necesitamos entender que los pilares que forman una cultura están a menudo interconectados el uno al otro. Sin embargo, nos ayuda el ver que hay, de una manera u otra, una separación entre ellas porque así nosotros podemos entonces pensar en las implicaciones que ellas traen de forma más efectiva así que aquí vamos:

Negocios/Economía
(Pilar número uno)

- Nosotros a menudo no pensamos en los negocios o en la economía como moldeadores culturales pero lo son y afectan poderosamente a una cultura.
- Si no tienes abrigo y comida eso tendrá un efecto en la forma en cómo piensas y actúas.
- Los agentes publicitarios gastan millones y millones tratando de vendernos cosas que usualmente nos persuaden a cambiar nuestra imagen y expresiones cluturales.

"La industria de la publicidad muy a menudo nos quita el auto estima y nos la vende de vuelta a nosotros al precio del producto" *Gerald Coates*

Educación/Familia
(Pilar número dos)

Éstas dos están interconectadas la una a la otra porque es importante el entender que la educación no se trata simplemente de ir al colegio. La educación se da en todas las áreas de la vida.

<u>La Educación es vida</u>
Durante la transición que le tomo a la nación de Rhodesia para convertirse en Zimbabwe las fuerzas revolucionarias se basaron en los conocidos estados fronterizos (los estados africanos que rodeaban Zimbabwe) desde donde ellos llevaban a cabo sus ataques al país. Los ataques más frecuentes se ejecutaban en escuelas en dónde ellos masacaraban al personal y se robaban a los niños para llevarlos más allá de la frontera para educarlos "apropiadamente" (ese fue su pensamiento revolucionario) ¡La Educación moldea una cultura!

"La Educación es vida" *Dr. Donald Howard. Educador Norteamericano (Estados Unidos)*

Medios de comunicación/Entretenimiento/Publicidad (Pilar número tres)

- ¿Estamos siendo persuadidos por la publicidad?
- ¿Estamos siendo influenciados por la industria del entretenimiento?
- ¿Estamos conscientes del producto que ponemos en nuestros filmes?
- La industria del entretenimiento gasta grandes cantidades de dinero en:

> Posters
> Anuncios de televisión
> Anuncios en el Periódico
> Vitrinas publicitarias

¿Por qué?

¿No crees tú que en muchas formas los Medio de comunicación, la industria de la publicidad, los periódicos y la televisión nos están moldeando la forma en que pensamos y que estas herramientas publicirtarias son poderosos moldeadores que de hecho conforman el famoso "efecto invernadero cultural"?

Política/Gobierno/Religión
(Pilar número cuatro)

- Lo que pasa en nuestra legislatura nos cambia definitivamente nuestras vidas
- Y si cambia la manera en que vivimos entonces ultimadamente cambia la cultura o la forma en que hacemos las cosas
- Muy a menudo decimos que la política es aburrida y aún así la política entra en cada parte de nuestras vidas

Algunos cuestionan el porqué ponemos estos tres aspectos juntos...

- Desde tiempos inmemoriables el estado ha usado la religión para influenciar y controlar a la sociedad y por lo tanto influenciar una cultura
- Considera, en el Reino Unido por ejemplo, la relación de la Iglesia de Inglaterra y el estado.
- Considera, históricamente, la conversión del emperador romano Constantino
- Considera cómo la religión moldea una cultura

¿Quiénes somos nosotros?

- Una pregunta muy compicada
- Nuestra cultura nos persuade a pensar de cierta manera
- Por supuesto, la cultura está sujeta a cambio.
- Alguna de las maneras y formas de la cual pensamos son más viejas de lo que muchos de nosotros imaginamos.
- Una cultura se hace de la formación de estos cuatro pilares que la sostienen y que por ende la hacen y la forman.

Romanos 12:2
No os conforméis a este siglo (permitir que el mundo te exprima a su molde) sino transformaos por medio de la renovación de vuestro entendimiento, para que comprobéis cuál sea la buena voluntad de Dios, agradable y perfecta.

PowerPoint: Los Pilares de la Cultura (2)

Expectativa final:
Al final de la lección el estudiante debería ser capaz de describir las cosas que moldean y hacen a una cultura y entender como estos niveladores pueden ser usados sabiamente para traer un cambio genuino a un grupo extenso de personas. El estudiante debería tener conciencia de cómo la historia está continuamente cambiando una cultura a través de la legislación, los medios de comunicación, la educación y los negocios.

Sesión 4-¿Por qué es importante le saber sobre cultura?

¿POR QUÉ NECESITAMOS OBSERVAR UNA CULTURA? ¿POR QUÉ ES IMPORTANTE?

Discusión en un cuadro informativo

- Nos ayuda a entendernos y lidiar los unos con los otros
- Nos hace analizarnos a nosotros mismos para que así podamos actuar y reaccionar de manera correcta.
- En nuestras sociedad multi-culturales y ciudades multi-étnicas la consejería se hace mucho más necesaria e importante.
- Vivimos en un "efecto invernadero cultural"
- Muchos de nosotros vivimos en grandes ciudades con poblaciones multi-culturales
- Nosotros, si estamos ayudadndo a otros, necesitamos saber de dónde viene la cultura de ciertas personas y cómo ellos sacan sus conclusiones.
- La manera en que muchos llegan a concluir las cosas puede ser distinta a cómo nosotros llegamos a sacar conclusiones. Es muy importante que entendamos esta premisa.

¿POR QUÉ ES IMPORTANTE EL SABER SOBRE CULTURA?

La cultura no es estática

- Está en constante cambio aunque algunas veces no nos percatemos de este hecho

- La cultura se está volviendo cada vez más genérica y nosotros estamos, en un basamento mundial y global, sujetos a las presiones de la cultura local o lo que se denomina como "el efecto invernadero cultural"
- Tan sólo visita a tu amigo extranjero en tu comunidad para que experimentes y veas un cambio cultural.

Tratemos de observar a algunos de los mayores efectos queen la actualidad afectan una cultura

Esta generación podría llamarse una generación huérfana

Esto está afectando a las familias y por consiguiente afecta a una cultura

- En algunos países se debe al rompimiento de las familias a través del divorcio, infidelidad, pérdida de estabilidad, presión de una comunidad, de un individuo o de una cultura como un todo.
- En algunos países se debe a la guerra y pérdida familiar por la muerte de uno de los progenitores así como la presión de una comunidad, de un individuo o de una cultura como un todo.
- En algunos países se debe al SIDA el cual ocasiona la pérdida de muchos padres así como la presión de una comunidad, de un individuo o de una cultura como un todo..

Muchos, incluyendo los entes gubernamentales, hacen preguntas las cuales son de naturalea cultural

- La pérdida de la estabilidad familiar a nivel mundial: esto tiene grandes implicaciones en nuestra cultura y, desde un punto de vista gubernamental, en los impuestos y en la economía.
- Existen varias causas de pérdida familiar dependiendo en que parte del mundo vives tú.
- El producto final es el mismo: la constante presión sobre una cultura como un todo.
- ¿Cuál es una de las causas más grandes en la disolución de las familias en el Reino Unido y en el mundo?

- ¿Qué efecto ha tenido el rompimiento familiar en la comunidad?
- ¿Cuáles son los grandes cambios que ha traído la presión del cambio familiar en una cultura?

CONCLUSIÓN

¿Por qué te estoy diciendo esto?

- Porque si vamos a ser efectivo tú necesitas saber esto
- Porque necesitamos entender
- Porque podemos saber en dónde hay sabiduría
- Así sabemos el orque pensamos de la manera que pensamos
- Así sabemos el porque otros piensan de la manera en que piensan
- Así que es recomendable que entendamos mejor la naturaleza del conflicto
- Para que así, en dónde sea necesario, podamos corregir nuestro pensamiento

---

PowerPoint: ¿Por qué es tan importante el conocer y saber sobre cultura? (4)

Expectativa final:
Al final de la lección el estudiante debería ser capaz de entender el porque el estudiar una cultura es importante y ser capaz de decir el porqué tales estudios son importantes para ellos como personas.

Sesión 5-¿Cómo se forman las culturas?

DISCUSIÓN Y DIVISIÓN DE LOS PILARES

5. Política
6. La Economía
7. Los Medios de Comunicación
8. La Educación

¿En dónde se superponen y se unen éstos pilares?

¿Qué tan poderosos son éstos diferentes componentes? Haz una lista de algunos de estos componentes ¿En cuál sesión principal los pondrías y cuáles de ellas se superponen?

Tales como:

- La Familia - quizás en la educación pero también en la economía
- Los periódicos – en los medios de comunicación
- Publicidad – en los medios de comunicación pero afectada por el gobierno, las legislaciones y la política.
- El gobierno, pero qúe de los efectos locales de las políticas que "la villa del desagüe" afecta una comunidad o país
- La Educación – pero qué del entrenamiento en familia, los Scouts, la Escuela Dominical, los mentores, etc.

Expectativa final:

Al final de la lección el estudiante debería ser capaz de mostrar qué cambios han observado ellos en su propia cultura en los últimos diez años y mostrar qué es lo que está causando tal cambio.

PowerPoint: Cómo se forman las culturas (3)

Sesión 6-Definiendo una Cultura

¿QUÉ COSAS DEFINEN UNA CULTURA?

- Comida
- Vestimenta
- El Idioma
- Matrimonio
- La proximidad con otros que "se parecen a nosotros"
- Sistema de Valores
- Los Saludos

¿Cuáles son las cosas más fáciles de detectar que demuestran diferencias en la cultura?

Diferencias en una cultura que son muy obvias

Cosas como:

- **COMIDA**
- **SALUDOS**
- **VESTIMENTA**
- **IDIOMA**

PowerPoint: Diferencias en una Cultura (5)

Expectativa final:
Al final de la lección el estudiante debería ser capaz de mostrar algunas de las cosas que las personas usan para mostrar que ellos son partes de un grupo "cultural" de personas.

Sesión 7-Idioma y Cultura

SESIÓN DE TRABAJO EN EL IDIOMA

- Considera otros idiomas
- Considera el uso de tu propio idioma o lengua en distintos grupos sociales
- Considera el idioma que hablas y cómo extranjeros lo usan como su segundo idioma
- Considera el idioma en cuanto al lenguaje corporal y expresiones faciales
- Consider el lenguaje propio de los jóvenes
- Considera los efectos del lenguaje textual
- Considera los efectos de la computadora
- Considera el idioma en cuanto al uso que la prensa le confiere en las distintas secciones de un periódico: deportes, sucesos, entretenimiento.

¿Define entonces el dioma a una cultura o la cultura define a un idioma?

Expectativa final:
Al final de la lección el estudiante debería ser capaz de cuestionar su propio uso del idioma y decidir si es bueno o es malo lo que habla o expresa.

Sesión 8- Cultura y el Factor Cambio

LA CONSIDERACIÓN DE LA CULTURA COMO UN FACTOR CAMBIANTE

Tarea
¿Qué es cultura? ¡Defínela!

Considera

- Modernismo
- Post Modernismo
- Necesitas examinar que tanto ha cambiado la cultura hasta el día de hoy
- Necesitas pensar en los efectos de las nuevas tecnologías como factores de cambio en esta generación
- Considera cuánto han cambiado las viejas instituciones
- ¿Qué efectos tiene el incremento del ritmo cambiario sonre una cultura?

Escribe un ensayo sobre este tópico de 500 palabras ayudñandote con los puntos que se enumeraron arriba y haz un reporte.

PowerPoint: Cambio-Cultura Post Moderna (6)

Expectativa final:
¿Qué ha cambiado en los últimos diez años? Al final de la lección el estudiante debería ser capaz de efinir qué ha cambiado en la cultura de la cual ellos son parte y qué ha causado esos cambios y ser capaz de sugerir qué podría ser hecho para crear un cambio deseable en el futuro.

Sesión 9- Cambio Cultural en Nuestro Mundo

OBSERVANDO EL CAMBIO CULTURAL EN NUESTRO MUNDO

- ¿Cuáles son los grandes factores que generan el cambio incluyendo los filmes o películas?
- ¿Qué efectos ha traído el cambio en tu perspectiva de la vida en nuestro mundo? Por ejemplo, los teléfonos celulares.
- ¿Cuáles son las buenas cosas que ha traído la generación del teléfono celular?
- ¿Cuáles son las malas cosas que ha traído la generación del teléfono celular?
- He aquí alguno de los cambios culturales más grandes que ocurrieron en el Occidente. Algunas de estas cosas te afectan y te afectarán.

  - Bajo presión
  - ¡La Cultura!
  - Las perspectivas históricas

¿QUÉ PASÓ?

- La Revolución Industrial
- El ritmo de la urbanización
- La última Guerra Mundial
- El rol de la mujer
- La gran rueda del cambio
- Cambio cultural

¿QUÉ SE PERDIÓ?

- Pérdida de absolutos
- Pérdida de una base moral
- Pérdida de la espiritualidad
- Pérdida de la fe en la ciencia
- Pérdida de las tradiciones
- Pérdida de la estabilidad

CAMBIO

- Cambio institucional….ha sido grande
- Avance tecnológico…ha sido rápido
- Ventajas materiales…es masivo

¿Qué cosas has notado que han cambiado? Responde la pregunta según los siguientes términos:

- El rol de la mujer
- Tecnología
- Urbanización
- El cambio acelerado

He aquí una lista bastante corta.Fue un rápido análisis de lo que ha pasado en el Reino Unido y el mundo durante las últimas décadas. Me pregunto si podrías hacer una lista similar. ¿Cómo quedaría tu lista?

- Década de los 40: Guerra
- Década de los 50: Expectativa
- Década de los 60: Revolución
- Década de los 70: Desilusión
- Década de los 80: Egoísmo
- Década de los 90: Desesperación
- Década de los 00: ? ? ? ? ? ? ?

El New Musical Express expresó que en los 90 "el suicidio se incrementó de forma alarmante en ésta década"

Expectativa final:

Al final de la lección el estudiante debería ser capaz de describir al menos desde la perspectiva de su país, las perspectivas históricas que han traído el cambio de la cultura en su país. Si el estudiante es de otro país, entonces anímale a una investigación histórica que demuestre que hubo un cambio en su país o cultura (grupo de personas)

Sesión 10- Cultura y el Rol de la Mujer

EL ROL DE LA MUJER EN EL MUNDO

- Efectos culturales
- Efectos económicos
- ¿Cómo nos afecta?
- ¿Nos afecta?
- Trata y piensa más allá de las fronteras de tu propio país en esta sesión de clase

---

Expectativa final:
Al final de la lección el estudiante debería ser capaz de ver más claramente el rol de la mujer en el mundo y ser objetivo sobre si se debería, se puede o se podría cambiar su influencia en la sociedad y qué cosas deberían ser cambiadas.

Sesión 11- Como la Urbanización cambia una cultura

DISCUSIÓN SOBRE LA URBANIZACIÓN

- Su razón
- Su efecto en la cultura
- Su efecto en la Economía
- Cualquier cosa que los estudiantes quisieran añadir
- Cualquier cosa que los estudiantes sienten que debe o debería cambiar en cuanto a este tópico

---

PowerPoint: Ciudades (12)

Expectativa final:
Al final de la lección el estudiante debería ser capaz de entender el auge mundial de la urbanización, discutir sus méritos y deméritos y entender las presiones de las personas que viven en grandes conurbaciones.

Sesión 12- La Importancia de la Meta-Narrativa

- ¿Qué es?
- Lo que le hace a nuestro mundo
- Lo que le hace a nuestras consejerías y conversaciones con la gente
- ¿Qué pasaría si no hubiera una meta-narrativa?
- Haz una lista de cosas que podrían pasar sin una meta-narrativa

---

PowerPoint: Meta-Narrativa (7)

Expectativa final:
Al final de la lección el estudiante debería ser capaz de decir quién tiene o no tiene una meta-narrativa y mostrar si el tener una meta-narrativa es importante en el entendimiento de la cultura de las personas y en las expectativas que ellos tengan.

Sesión 13- ¡Nuestras presuposiciones!

PRESUPOSICIONES

- Las cosas que nosotros tenemos que no sabíamos que teníamos
- Lo que ellas hacen a nuestras percepciones
- Lo que ellas hacen en términos de nuestra conversación con otros
- Como nuestra cultura moldea nuestras presuposiciones y como nuestras presuposiciones moldean la cultura

Ejercicio No 1: En grupos de dos personas haz una lista de presuposiciones. Escribe tantas como puedas

Ejercicio No 2: en grupos de dos personas haz una lista de presuposiciones. Escribe tantas como puedas

---

PowerPoint: Presuposiciones (8)

Expectativa final:
Al final de la lección el estudiante debería ser capaz de analizar sus propias presuposiciones y haber entendido como éstas llegaron a formar parte de su vida.

Sesión 14- Cambios Observables que están ejerciendo presión en nuestra cultura hoy en día y el cambio constante.

<u>¿QUÉ COSAS SON ESAS?</u>

- Cuadro de preguntas
- Análisis de resultados
- Discusión en grupos
- Una retroalimentación

Expectativa final:
Al final de la lección el estudiante debería ser capaz de analizar algunas de las tendencias actuales y hacia adonde ellas nos podrían llevar. Al hacer esto, los estudiantes deberían estar más conscientes que qué personas ellos estarán tratando, de lo que ellas estarán pensando y cómo sus conclusiones y pensamientos pueden haber sido o están siendo cambiados. Por ejemplo, las actitudes que muchas personas tienen del matrimonio podrían crear un pensamiento y acciones distintos en relación a nuestro pensamiento de la familia sea bueno o malo.

Sesión 15- Sub Culturas y Culturas Especiales

VEAMOS EL PROCESO DE LOS PEQUEÑOS GRUPOS CULTURALES

- ¿Qué cosas hacen de un grupo un grupo?
- ¿Cuáles son las cosas que son consideradas normales en este grupo en particular?
- ¿Existe un uso especial del idioma?
- ¿Cómo se relaciona este grupo cultural a la macrocultura?
- ¿Existen cosas que no podrían ser entendidas inmediatamente si estuvieras hablando con estas personas?
- ¿Hay cosas que rápidamente malinterpretarías si no has hecho un estudio exhaustivo del grupo (por ejemplo los Ghaneses para mostrar respeto hacia la otra persona no miran a los ojos a una mujer o un hombre mayor)?
- ¿Cómo el estudio de este grupo ha ayudado o profundizado tu pensamiento en cuanto a la relación con otras culturas y subculturas?
- Ninos huérfanos en adopción (Niños o adolescentes en el sistema de cuidado)
- La comunidad de Sordos (personas que usan lenguaje de señas para comunicarse)
- La segunda generación de Asiáticos que han nacido en el Reino Unido
- La segunda generación de Afro-Caribeños que han nacido en el Reino Unido

DISCUSIÓN

Introducción a este tópico en la cultura de los niños huérfanos o adoptivos

Ésta área es muy importante y una en la cual ignoramos muy a menudo y en la cual no pensamos y aún así está representada por una gran cantidad de personas. Nos gustaría que los estudiantes hicieran una tarea especial en relación a este asunto en términos de hacer una investigación y un reporte para todo el grupo.

- Se necesita hacer una asignación sobre el tema

He aquí algunos de los grupos, por ejemplo, del Reino Unido que podríamos estudiar y que no son tan obvios:

- La cultura de Asiáticos que nacieron y viven en el Reino Unido
- La cultura de la comunidad de sordos
- La cultura de la comunidad de ciegos
- La cultura de aquellos que están discapacitados, particularmente los que están en silla de ruedas
- La cultura de una compañía local
- La cultura del Servicio de Salud
- La cultura de las fuerxas policíacas (son culturalmente racistas)

Expectativa final:
Al final de la lección el estudiante debería ser capaz de observar a uno de estos grupos y subrayar sus hallazgos de sus investigaciones sobre el tema a todo el grupo sobre el cómo se originó un grupo en particular y cómo éste grupo llegó a aceptar y vivir bajo las normas que ellos mismos establecieron.

Sesión 16- La cultura dominante o la cultura que domina la sociedad actualmente

Tanto en el Reino Unido como en todo el mundo existe una cultura dominante:

- ¿Qué es?
- ¿Qué hace?
- ¿Cuál debería ser nuestra respuesta a esa cultura?
- Considera los efectos si no eres parte de esa cultura
- Considera los efectos si tienes una apariencia o look que te separa de esa cultura
- Considera los efectos si tú no consientes o estás de acuerdo con la cultura dominante

---

PowerPoint: Cultura Dominante (9)

Expectativa final:
Al final de la lección el estudiante debería ser capaz de haber analizado su propia cultura y haber entendido lo que es una cultura dominante y qué la hace. Ellos deberían er capaces de demostrar cómo esa cultura dominante podría afectar otras secciones de la sociedad.

Sesión 17- ¿Cuáles son las presiones y beneficios de la cultura en la familia?

El mundo en el cual vivimos está creando huérfanos en una escala masiva. Aunque en el Occidente las estadísticas demográficas se están moviendo hacia una población más vieja esto no es una realidad en una escala mundial. Algunos países se están volviendo más jóvenes a medida que la cifra de nacimientos se incrementa más y más. En adición a esto existen muchos otros problemas que se suman a la lista: SIDA en algunos países, guerra en otros, entrenamiento de niños como soldados, el divorcio extremo en el Occidente que ha llegado hasta más del 50 por ciento según actuales estadísticas. El efecto de estas tendencias hace que nuestras culturas estén bajo presión y que nos cambie completamente.

Una presentación del mundo huérfano

Las diferentes razones que afectan a la familia en todo el mundo:

- Divorcio
- SIDA
- Guerras
- La necesidad de una vivienda extra
- Implicaciones para el futuro
- Gobierno
- Pensiones
- Vivienda

Esto obviamente afecta y cambia una cultura. La situación actual del mundo entero nos ha dejado con la mayor cantidad de huérfanos que el mundo haya conocido. ¿Qué efecto tendrá esto en la cultura que nosotros pensamos y aceptamos como normal?

PowerPoint: Presión familiar (10)

Expectativa final:
Al final de la lección el estudiante debería ser capaz de entender algunas de las tendencias mundiales en relación a las familias. Ellos también deberían haber considerado alguno de los efectos que podrían tener en su país y en su cultura. No será posible ser lo totalmente predictivo pero el ejercicio habrá incrementado el entendimiento de los estudiantes.

Sesión 18- Clase especial del grupo "Through The Roof" una organización de personas con discapacidades y su cultura

Esta lección será dictada por una organización llamada "Through the Roof". "Through the Roof" es una organización caritativa que se especializa en hacer las personas conscientes de la cultura y las necesidades de las personas con discapacidades. La caridad también se especializa en donar sillas de ruedas a países en desarrollo.

Expectativa final:
Al final de la lección el estudiante debería ser capaz de haber adquirido un entendimiento de un grupo de personas que forman una subcultura dentro del Reino Unido o el país en donde se esté dando la lección

---

Sesión 19- El Choque de Culturas

En esta sesión tú te tomarás el tiempo de observar a una cultura en particular y notar como ésta causa choques con la cultura principal o dominante de un país. Sería bueno uses la investigación que ya hiciste en el curso que se titula Subculturas. Este es el curso numero 15.

Mira como los grupos chocan con la cultura dominante.

Considera

- Grupos de personas como los Asiáticos nacidos en el Reino Unido
- El hablar dos idiomas
- Cuando la cultura en la casa es distinta de la cultura que está en el colegio, el trabajo o en la cultura dominante.

Expectativa final:
Al final de la lección el estudiante debería ser capaz de usar su propia investigación de un subgrupo de otra cultura y ponerla junto a la cultura principal y llegar a conclusiones asi como las dificultades que se presentan y las soluciones potenciales a las que se puedan llegar.

Sesión 20- Finalización del curso/Resumen de las sesiones/ Presentación de certificados de finalización de curso

Lectura recomendada

6. *El Medio es el mensaje* por Marshall McCullan

7. *Jacob* por Adrian Hawkes (El libro cubre algunos aspectos de cultura)

8. *Futurewise (Sabio del Futuro)* por el Dr. Patrick Dixon

9. *Suposiciones que afectan nuetras vidas* por el Dr. Christian Overman. M. Ed. (Master en Educación)

10. *Moda y Estilo* por Mike Starkey (Libro que trata sobre la cultura y la industria de la moda en nosotros)

El mundo está siendo transformado ante nuestros ojos de una sociedad industrial y tecnológica en algo nuevo y distinto. En el libro de Partick Dixon llamado *Sabio del Futuro: Seis caras del Cambio Global (Futurewise: Six Faces of Global Change)* es un libro rico con un perfil emocionante de este futuro desde seis perspectivas esenciales. El futuro que el observa es rápido, urbano, tribal, universal, radical y ético y en cada una de esas áreas, las fuerzas que se están moviendo requieren de una sabiduría de parte de los líderes de negocios que quieran prosperar e ir hacia delante. Con la visión de Dixon, tu puedes planear y cambiar tu mañana y hacer cambios que construyan valores que duren por mucho tiempo.

MATERIAL PARA REPARTIR

- Articulo de la revista TIME sobre la cultura
- Presentación PowerPoint en:
    - 1. ¿Qué es Cultura?
    - 2. Los pilares de la cultura
    - 3. Como se forman las Culturas
    - 4. ¿Porqué es importante saber sobre cultura?
    - 5. Diferencias en la Cultura
    - 6. Cambio/Clutura Post-Moderna
    - 7. Meta-Narrativas
    - 8. Presuposiciones
    - 9. La Cultura Dominante
    - 10. Cultura en la Familia
    - 11. Presentación Acumulativa
    - 12. Ciudades

FILMES Y VIDEOS RECOMENDADOS

Los filmes que puedes ver que te ayudarán a ver y a analizar otras culturas

- Whale Rider
- East is East (El Este es el Este)
- Bend it like Beckham (Juega como Beckham)
- My Big Fat Greek Wedding (Mi Gran Boda Griega)
- Rabbit-Proof Fence (Cerca a prueba de Conejos)
- Good-bye Lenin! (¡Adiós Lenin!)

www.ingramcontent.com/pod-product-compliance
Lightning Source LLC
Chambersburg PA
CBHW071355280526
45787CB00001B/335